游戏设计工作系列

涌现

低成本玩转人才梯队

鲁爱国 ◎ 著

华夏出版社
HUAXIA PUBLISHING HOUSE

图书在版编目（CIP）数据

涌现：低成本玩转人才梯队／鲁爱国著． -- 北京：华夏出版社有限公司，2025（2025.8 重印）． -- ISBN 978 -7 -5222 -0899 -2

Ⅰ．F272.92

中国国家版本馆 CIP 数据核字第 2025DV3989 号

涌现：低成本玩转人才梯队

著　　　者	鲁爱国
责任编辑	霍本科
责任印制	刘　洋
封面设计	殷丽云
出版发行	华夏出版社有限公司
经　　销	新华书店
印　　装	三河市万龙印装有限公司
版　　次	2025 年 7 月北京第 1 版　2025 年 8 月北京第 2 次印刷
开　　本	710×1000　1/16 开本
印　　张	13.75
字　　数	198 千字
定　　价	26.80 元

华夏出版社有限公司　社址：北京市东直门外香河园北里 4 号
　　　　　　　　　　　邮编：100028　网址：www.hxph.com.cn
　　　　　　　　　　　电话：010 -64663331（转）
　　　　　　　　　　　投稿合作：010 -64672903；hbk801@163.com

若发现本版图书有印装质量问题，请与我社营销中心联系调换。

推荐序一

我的企业管理生涯已有二十多年了，无论是在基层管理岗位还是在超万人的企业里面，一直面临一个持久的课题，就是"企业的人才梯队如何建设"。

这一时期，正是我国改革开放后轰轰烈烈的大发展期，无数的企业起来了，也有无数的企业没落了。

虽然一个企业的人才梯队建设跟企业战略、战术、价值观、文化或者技术创新、产品开发、质量管理、财务管理、风险管理等好像没有那么直接的联系，然而，每个成功或者失败的企业都可以依据"企业的人才梯队建设得怎么样"去探求相关的因果关系。

随着我国经济社会的发展和全球化的开启，我国的企业取得了令世人瞩目的成就；但竞争愈发激烈和内卷，也愈发成为企业间的常态。毋庸置疑，企业竞争无论是战略竞争，还是战术竞争，归根到底就是人才竞争。

竞争愈激烈，企业发展的成本和投入产出的效果效率就愈发重要，这不只关系到金钱层面的付出，更重要的是企业在面对市场机会时付出的时间代价、企业在市场的时间窗口期。鏖战中，电光石火间一击即中、一战定乾坤的优势，不是金钱可以衡量的。这就要求我们有一支有战斗力的人才队伍，而如何能长期不断地拥有这样一支队伍，就是这本书要分享的成功经验了。目前各行业尤其是制造业的微利环境决定了我们无法高举高打地去拉拢优秀人才，但当市场机会出现时，我们如何能拉出一支来之能战、战之能胜的队伍？书中分享的方法就显得尤为宝贵。

本书的作者有很多宝贵的实战经验，也很善于将经验和方法概括凝炼，方便在大团队、在基层中传播、实践，不愧是大型制造业的优秀人力资源负责人。这本书最可贵的是摒弃了"救世主"姿态，也没有同类图书常见的那种"唯我独尊、天下无敌"的高高在上，字里行间都是如何在没有模板、没有预算、没有资源甚至没有支持的情况下孤军奋战，创出一套有趣的、独制的、低成本但又能有效动员群众的办法论，如"游戏化思维""7－2－1法则"等创新应用，这种跨界融通的智慧不恰恰是新一代从业者所需要的吗？否则，我们既没有资源，又没有新一代的投入参与，我们的企业怎么会有未来呢？

这本书最令我欣赏的一点是，它不像很多同类书那样让我们刻板地套模板，而是有针对性地创造、运用了一套有时代特色的人才梯队建设方法。

无论怎么定义，人力资源管理都可以说是最古老的人文科学之一，但一代人有一代人的追求和偏好，如果只是因循守旧，那一定是脱离时代的陈腔滥调，一定会遭人唾弃，还在重复陈腔滥调的人也会被时代抛下，无论是管理者还是被管理者。而本书就很好地为制造业的新一代从事者提供了一套新颖和有价值的理论。作者知无不言、言无不尽，把自己多年来的得失、摸爬滚打总结成了值得传阅的"宝藏心得"。这本书不是仅仅给HR人写的，无论是企业CEO、管理部门负责人，还是初入职场的"奋斗者"，都能从这里找到自己的影子，并从中窥见成长的路线图。

所以，我非常愿意为本书站台。

谨以此，郑重地向所有热爱探索管理与成长的朋友推荐：让本书成为你们建设企业人才梯队的高效引擎，助你们的企业可持续发展！

第一导师 & 读者

R.S

2025年1月

推荐序二

本书作者是中南大学早期的优秀学生，我与他的师生情延续了二十多年，尽管他后来身居要职，但对老师一直非常尊重，一些工作甚至生活上的事还非常谦虚地向我请教。他对培养了他的中南大学商学院非常感恩，对学校的人才培养非常支持，以个人名义设立了奖学金，并且每年都来中南大学举办校园招聘，吸收母校优秀毕业生，为构建他所在公司的人才梯队做好人才储备。

《涌现：低成本玩转人才梯队》这本书以讲故事的方式展开，作者的文笔细腻优美，各种人物形象栩栩如生，低成本玩转人才梯队的模式像一幅美妙的画卷从左至右依次展开，跌宕起伏，很有"穷岛屿之萦回，即冈峦之体势"那种感觉。书中提出了很多难题，感觉非常难解，有的甚至无解，但随着作者的笔触，我们慢慢看到了令人信服的解决方案，真的是抽丝剥茧、深入浅出、易读易懂、引人入胜，很有点当年读金庸小说时的感受，看了一页想看下一页，看了一章想看下一章，看了一个问题及其解决方案想看下一个问题，不知不觉中发现自己真的坐得太久了。一边看着，一边就感觉能按照作者的思路来发起一个人才梯队构建项目，为企业培养、储备、输送非常优秀的人才，迅速提升一个企业的人力资源绩效和经营绩效。

书中提出了一系列问题，如"谁是人力资源管理者""完美还是完善""先用还是先育""内驱还是外驱""没人报名咋整""报名太多咋弄""如何发展会员""文化如何传承"等。书中提出了解决问

涌现：低成本玩转人才梯队

题时应秉持的基本原则，如"空空如也，我叩其两端而竭焉""巧而迟不如拙而速""给我冲转换为跟我冲"等。书中更有高吸引力的解决问题的新颖方式，如7－2－1法则、游戏化思维、太极健体、师徒制、轮岗制等。沿着这些问题，守着这些原则，循着这些方法，就能把本书的脉络和人才梯队建设的思路看得清清楚楚。

不过我在读完前三章后一直有一个疑问，书名为"低成本玩转人才梯队"，但说实话，前面几章很少看到"低成本"三个字，于是我提议是否在前几章埋个低成本的伏笔。面对我的疑问和建议，作者非常坦诚，说刚开始做这个项目时并没有特别关注成本，关注的焦点是人才梯队的质量，后面做项目成本计算时，发现项目成本很低，所以才用了"低成本"三个字。师生一番斟酌后，作者决定维持原来内容不变，不对读者有任何欺瞒或误导。

如果你是人力资源或相关专业的学生，看了这本书，理论与实际结合的画面马上就会在眼前浮现，隐性知识就会开始向显性知识转变，知识就会开始向技能转变，知行合一就有了基础，这对你提升个人核心能力甚或参加企业入职面试都很有裨益。如果你是公司的领导，粗略浏览一下目录或我前面说的问题、原则、方法，就能确立公司人才梯队建设的战略目标和战略途径。如果你是公司基层骨干，看完本书，你立马就知道如何在公司人才梯队建设中脱颖而出，怎么成为人才梯队中的T1、T2、T3级优才。如果你是人力资源负责人，这本书更是为你们的人才梯队建设工作量身打造的。只需照本书提供的思路和方式，结合你们公司或单位的实际，就能有条不紊地完成一个人才乐于参与的高吸引力的低成本人才梯队建设项目。

中南大学商学院
罗剑宏
2025年1月

目 录

推荐序一

推荐序二

引言：你认为公司有人才梯队吗？ …………………………………… (1)

第一章　变革之始 ………………………………………………………… (5)
    01　人才天花板 ……………………………………………………… (7)
    02　刘备的首次晋升 ………………………………………………… (9)
    03　两大人才悖论 …………………………………………………… (11)
    04　谁是人力资源管理者 …………………………………………… (13)
    05　谁有激情 ………………………………………………………… (17)
    06　沟通为王 ………………………………………………………… (19)

第二章　立局之要 ………………………………………………………… (23)
    01　保密还是公开 …………………………………………………… (25)
    02　完美还是完善 …………………………………………………… (27)
    03　文化还是技能 …………………………………………………… (31)
    04　先用还是先育 …………………………………………………… (35)
    05　内驱还是外驱 …………………………………………………… (39)
    06　刚性还是弹性 …………………………………………………… (43)

第三章　请君入瓮 ………………………………………………………… (49)
    01　没人报名咋整 …………………………………………………… (52)
    02　报名太多咋弄 …………………………………………………… (56)
    03　初筛就玩心跳 …………………………………………………… (61)

04　"平静"的360°评价 ·· (67)
　　05　以业绩论英雄 ·· (74)
　　06　居然还要面试 ·· (79)

第四章　梅花三弄 ·· (85)
　　01　拼搏奋进优才库 ·· (87)
　　02　7-2-1法则 ··· (94)
　　03　游戏化思维 ·· (99)
　　04　太极拳精要 ··· (105)
　　05　师徒制底蕴 ··· (110)
　　06　轮岗博弈论 ··· (115)

第五章　破茧成蝶 ·· (121)
　　01　优才养成之路 ·· (123)
　　02　如何发展会员 ·· (130)
　　03　孤勇者闯四关 ·· (136)
　　04　评委三维选择 ·· (144)
　　05　培育连通考试 ·· (151)
　　06　戴上一朵小红花 ··· (156)

第六章　小中见大 ·· (163)
　　01　文化如何传承 ·· (165)
　　02　教学相长 vs 以教代学 ··· (171)
　　03　还是不是同学 ·· (177)
　　04　跨界思维整合 ·· (182)
　　05　"敢做接锅侠" ·· (189)
　　06　融化部门墙 ··· (196)

尾声：学我者生，似我者亡！ ·· (203)

引言 你认为公司有人才梯队吗?

在完成"公司股份制改革 28 周年庆典"后的第二天，上午 11 点，格新美公司总裁曾先生把我叫进了他的办公室，当时我的职务是人资模块助理副总裁兼人力资源中心总监。

刚进办公室，还未坐下，总裁就问了我一个问题：

"爱国，你觉得我们公司有人才梯队吗？"

这是一个相当尖锐的问题，我小心翼翼地重复了一下这个问题："您说的是，我们公司现在有人才梯队吗？"总裁点了点头，眼睛炯炯有神地看着我。

顿了顿，平和了一下心情，我凝视着总裁，斟酌着回答道："我们公司现在有很多管理干部，大多数管理干部都有代理人，不过，人才梯队的构建没有形成体系，更多的还是由上级领导指定……"

"你说得太客气了。我们公司，现在，压根就没有人才梯队！"总裁干脆利落地给出了他的答案，"各模块的负责人自己提交管理干部名单，是不是合适，能不能胜任，我现在都不太清楚。如果是总监级的人员，我还认识、了解一些，但是随着公司越来越大，下一级的经理人员，很多我都不认识，甚至连名字都没有听过。他们提交上来的名单，对我来说只是一个代号，是否胜任我心中完全没有底，没有办法判断是否合适、可不可以晋升。"

"是啊，目前管理干部晋升都是由各单位自行提报，只有一条通路。"我对总裁的观点感同身受，"昨天我看到索尼发展中期的一个典型案例，讲的就是有能力的青年因为上司的不认可而永远都得不到晋升，直属上级成了职场的天花板。"

"是的，我们现在也面临着这种情况。我们对中层管理干部的评价缺乏依据，我们现在基本没有人才梯队，直属上级就是人才的一切。如果上级是个伯乐的话还好，如果不是，就真的很惨。可是，企业里的伯乐毕竟是极少数的。"总裁对这个问题应该是经过深思熟虑的，他眼中闪着智慧的光芒，向我走近一步，问道："爱国，这个问题你怎么看？"

我有些紧张，因为人才梯队建设是人力资源的职责所在。我深吸了一口气，坦诚回答："总裁，这是我的疏忽，没有建好公司的人才梯队！请给我一个机会，亡羊补牢，把人才梯队构建起来！"

总裁看着我笑了笑："这也不完全是人资模块的问题，我也有责任。总裁办以前负责所有干部的晋升，导致人资也没有抓手去管理。从今天起，我和你一起成立一个项目，把公司的人才梯队建起来；后续，你作为公司人资模块负责人，要帮我把这一块管起来，而且要管好！"

我松了一口气，心情先抑后扬，凭空生出一股"君以国士待我，我必以国士报君"的激情和雄心，眼中总裁的形象更加高大了。看着总裁，我用力点点头："好的，爱国一定竭尽全力。谢谢总裁的信任！当前，人才梯队要从无到有地构建，这可是一项大工程，项目组除了您和我外，是否需要加上其他领导？"

总裁摇摇头，再一次重复："这个项目，就我和你两个人，足够啦！"

我心中窃喜，急忙问道："项目的大方向，请您指点指示。"

"就按照军队的管理思维来做。"总裁看我有些懵，微微一笑，解释道："目前我国军队的管理方针中有八个字：战区主战，军种主建！这是国家军队改革军事力量体制结构的基本思路，实现了作战指挥和建设培育职能相对分离的高效协作管理。专注产生效益，你后续就按照这个思路启动我们公司人才梯队的重构，我的要求是：每周召开项目周会，三个月内项目落地！"

"遵令！"我神采飞扬，大声答应道。

自此，格新美公司为期五年的人才梯队建设——优才库项目，揭开了序幕！

第一章 变革之始

01　人才天花板
02　刘备的首次晋升
03　两大人才悖论
04　谁是人力资源管理者
05　谁有激情
06　沟通为王

格新美公司总部坐落于中国广东幸福感最强的区域之一——佛山顺德。顺德不仅是大湾区的工业重镇，也是"舌尖上的中国"打卡必至的美食之都，更是全球闻名的家电之都。因为毗邻广东省会广州，所以顺德在保有自身特色的同时，越来越与广州的大都市底蕴接轨。

格新美是一家成立逾三十年的民营企业，从成立之初就专注于家电领域，历经两代领导人都做到了坚守如一。自从顺利上市之后，更是加快了人才的国际化进程，在不断提升原有人才素养的同时，也积极主动地从富士康、华为、飞利浦等全球知名企业引入各类人才，2010年在富士康IE学院崭露头角的我就是其中的一员。

走进格新美公司总部，便会因其高耸的办公大楼而震撼不已。进入大楼内部，各楼层的设计和办公室的布置，与富士康集团这种全球排名前五十的企业相比都不遑多让。

但是走进各个工厂，却会发现还是存在良莠不齐的情况，劳动密集型的企业特点在部分厂区体现无遗。作为一家上市公司，格新美在顺德区域就有五万余名员工，人力成本是所有成本中越来越凸显的一块。

公司一直很重视员工的培训，从向富士康IE学院借鉴学习以来更是如此。但是，一直高企的人才投入和效果对比不彰的人才梯队产出，成为公司总裁颇为关注的老大难问题。

难怪总裁会提出"公司有人才梯队吗？"这样尖锐的问题。已经加入公司九年，历任公司流程管理部高级经理、生产力促进中心副总监和总裁办主任，最终被任命为人资模块负责人的我，当仁不让地要为总裁、为公司排忧解难，挑战解决这头"房间里的大象"。

距离下一周与总裁的项目碰头会还有六天，我决定在项目发起之初，认真思考和理清所有公司特别是中大型公司的人才梯队建设都会遇到的六个根本问题，夯实项目运作的根基。

01　人才天花板

一天晚上十点，企业老板到自己集团下属的工厂巡查，发现某个办公室的灯还亮着，有个小伙子还在加班，他就过去询问具体情况。小伙子不认识老板，却也非常热情地回答了老板的提问。原来，小伙子已经入职三年了，近一段时间都在加班，整理项目所需的资料，办公室的同事和部门领导都下班了，他还在拼搏，为了目标而拼尽全力。

老板很是感动，夸小伙子将来一定能很快晋升、大有前途。小伙子听了之后反而有些郁郁寡欢，告诉眼前亲切的老人家，自己应该没有机会晋升，而且可能完成这个项目之后就要离开这家工厂了。

老板大为诧异，连忙询问原因。小伙子想到自己很快会完成项目然后离开工厂，也就没有顾虑地告诉了老人家原因：原来，小伙子的部门领导是一个能力不高但年资很高的老员工，他对小伙子这么拼搏地做事且能做出成绩，从刚开始的鼓励到后来的限制乃至否定，认为小伙子这样做是为了上位，给部门负责人带来了威胁；而且，实际上，在这家工厂的传统中，部门领导评价部门所有人员的绩效，也决定了部门内所有人员的发展，如果部门领导没有晋升，所有下属也就没有晋升的机会，如果部门领导不认可，就算是有能力的下属也永远没有出头之日。小伙子很喜欢自己所在的企业集团，但是因为运气不好，分在了当前的部门，再无出头之日，为了自己未来的发展，最终只能选择离开。

老板听了之后非常愤慨，后来也陷入了沉思，最后为了打破企业内部的人才天花板，让真正的人才发展不要受限于其部门领导的格局，毅然启动了企业内部的人才变革，推出了"轮岗制"，通过定期的岗位轮换，激发员工的工作热情，提高员工的综合能力，让员工有机会在不同的部门和岗位工作，获得更广阔的职业前景和更多的发展机会。为了更好地留住在所属部门不得志的人才，企业集团还推出了"内部跳槽"机制，员工可以自由而秘密地应聘其他部门有需求的岗位，为有能力的员工提供了一种横向可持续发展的机遇。

  这家企业集团就是索尼，"轮岗制"为索尼高速成长阶段提供了充足的人才支持。

  回顾了上面这一则打破人才天花板的企业案例，我再一次思考总裁提出的问题："你认为公司有人才梯队吗？"

  我给出的答案是：没有，公司确实没有成体系的人才梯队建设；现在的格新美就和多年前的索尼一样，部门领导就是人才发展的职场天花板。

  打破人才天花板是毋庸置疑要做的重要事情，那么，应该从哪里着手，开始启动公司人才梯队的构造呢？

  我陷入了沉思……

02　刘备的首次晋升

"（朱）儁班师回京，诏封为车骑将军、河南尹。儁表奏孙坚、刘备等功；坚有人情，除别郡司马，上任去了；惟玄德听候日久，不得除授，三人郁郁不乐……玄德除授定州中山府安喜县尉，克日赴任。"

这一段话，节取自《三国演义》第二回，讲述了刘备在职场中的首次正式晋升。

人生道路上，晋升是大部分人都希望的，但晋升之路却往往艰难曲折，同人不同命者比比皆是。

东汉末年的孙坚、刘备，同样破敌有功，同样为上级领导认可并推荐，结果孙坚因为有人情，家庭背景关系够硬，于是很快就得到晋升，走马上任去了；而刘备此时是一介布衣，虽然有上级领导推荐，却因为没有人情，一直都没有晋升的机会，就是有机会也被别的有关系者抢占，于是只好在希望渺茫的等待中苦苦煎熬，与关羽、张飞三人也只能郁郁不乐。

这种现象自古以来就已存在，越是政治、管理混乱的组织，越是明显；相反，在政治清明的组织内，则近乎绝迹。

大到国家政府，小到企业部门，任何一个组织，唯有晋升通路公平、公正、公开，方能吸纳有志、有识、有才之人争相奔赴，从而使组织获得高速发展，进而长治久安。

郁郁不乐的刘备因为路遇贵人郎中张钧，后者在朝廷仗义执言，刘备才侥幸获得了人生中的第一次晋升，"除授定州中山府安喜县尉"。但好景不长，因为朝廷十常侍当道，卖官鬻爵，非亲不用，非仇不诛，以致天下大乱，"上梁不正下梁歪"，所以此后不久，正直的刘备就被位轻权重、贪婪成性的督邮无理刁难，最后不得不弃官而走。

如果说索尼的人才变革打破了"人才天花板"，将人才从直属领导的小格局中释放出来；那么，"刘备的首次晋升"给予企业的启发，应该就是在上级领导之外，更要建立公平公正、一视同仁的晋升机制，真正落实"以业绩论英雄"的人才评价和晋升体系。

说来容易做来难。上级领导推荐下属人员晋升，到底是应该全盘接纳还是筛选评价后再择优选用？无疑是后者为佳。而筛选评价的维度和标准又应该是什么样的呢？应该由谁来进行评价和筛选？是一个专属部门还是一个跨部门的联合小组？这就是问题的关键所在。

变革往往很难，难的不仅仅是方法论，更在于既得利益者因为既得利益的驱使而对变革中不利于己的部分形成的自觉不自觉的阻扰，乃至明刀明枪的反对。而组织之所以变革，正是因为当前的运作已经维系不下去了，或者说不能满足组织未来发展的需要了。两者之间形成了一个完美的对立悖论，所以有哲人评价变革："不变是等死，变了是找死。"

有一本畅销书叫作《谁动了我的奶酪》，书中大段故事的最后揭示的人生哲理就是：与其等死最后必死，主动求变"找死"可能还有希望置之死地而后生，获得更广阔的生路！

想到这里，我握紧拳头，内心深处发出了无声的呐喊："勇往直前，永不退缩！总裁，您亲自发起的这个变革项目一定要成！一定能成！"

03　两大人才悖论

人才梯队的重构有两个重要部分，一个是要有好的机制模型，明确人才梯队的通路；另一个就是要有人才的厚度，特别是后备人才板凳的厚度要足。

曾经有一家300多人的私营企业，企业老板自己初中未毕业，因家境困难辍学，在社会上历练多年，自行创业终于获得成功。企业规模扩大后，老板很希望能吸引高端人才，打破企业内部从来没有重点大学本科生的现状——实际上企业内部连一个全日制本科毕业生都没有，于是交代负责人事、行政和生产的表弟，要他高价去从来没有去过的985高校招人。初中毕业就跟随表哥创业的表弟托关系参加了目标高校的校内双选会，当日会场内人山人海，他也收到不少学生的简历，现场还面试了一些毕业生，最终结果却是没有一个人愿意加入他们的企业。

究其原因有两个：一是企业没有名气，完全找不到与目标高校人才的联结点，无法在情感上吸引到所需人才；二是该企业去招聘的人自己都不自信，而且给出的待遇虽然是企业内部认为的"高薪"了（确实在该企业内部的人员中也鲜有人能拿到这样的薪水），但对比其他到该校招生的企业而言，也没有明显的竞争力，无法在物质待遇上吸引到所需人才。

要想招到人才，就必须了解人才的特性。趋优性是人力资本的特性之一，趋优性意味着人才越多的地方越能吸引人才，所以人才往往是扎堆出现、成批流动的。

研究分析国内近年来的人才发展现状可以发现，人才发展和运用方面存在两大"人才悖论"：

第一，人才的流动不遵循"物以稀为贵"的原则；相反，越是没有人才的地方，不论是城市还是企业，就越吸引不到稀缺的人才。人才是需要发展环境的，在一个没有发展氛围和土壤的地方，就算是高端人才也很容易透支自己，同时还会因为吸收不到持续发展乃至维持现状所需的养分，很容易枯萎凋零，导致自己从该领域的高端人才塔尖滑落。这条人才悖论反向佐证了强者越强的马太效应，确有其道理。

第二，人才越少的企业越浪费人才：对于高薪聘请的高端稀缺人才，本来企业应该人尽其才地给予其空间，让其施展所长，结果却往往相反，大多数企业对外聘来的高端人才绑手绑脚，导致其有力无处使，最终企业和人才不欢而散，人去楼空空悲切。之所以会出现这样的怪现象，是因为认知的落差；这种认知不是一个人、两个人的认知，而是一群人的本位主义认知。每个人都会下意识地维护自己的发明创造和过往的所作所为，拒绝别人的改善建议，即使别人说的是对的，这是人的本性使然。

好比一群鸭子里面突然出现了一只天鹅，结果无外乎两种：最好的结果是天鹅成为鸭子们认可的头儿，带领大家一起奔向新生活，但是这种可能性极低；而在大多数时候，往往是鸭子们齐心协力、自觉不自觉地把天鹅排挤在外，最后天鹅黯然离开鸭群，寻找更适合自己的地方，鸭子们则继续自己习惯了的生活。不管这只天鹅是突然从外面闯进来的，还是出生在鸭群之中的，都是如此。

想到这里，我的心情有些压抑，面对这两大人才悖论，格新美公司要重构人才梯队，要为企业未来发展提供所需的人才，确实是难度不小啊，特别是，总裁在项目设立之初，就一再强调人才梯队建设应以精神、荣誉激励为主，物质、金钱激励为辅，项目也要综合考虑投资回报率。要想真正实现低成本玩转人才梯队，根源在人心，关键就在机制设计的巧妙之处。

变革之始，这些问题都是要纳入考虑、商议和解决范围的。目标就在那里，怎么达成，在己；困难就在这里，必须解决，也在己！自助者，天助之！

04　谁是人力资源管理者

为了推行人才梯队变革项目，有不少问题必须提前研究明白、定义清楚，这样才能前置预防、未雨绸缪、少走弯路。在"非人的人力资源管理"中，有一个问题直指人心，也一直困扰着许多管理者和人力资源从业者。这个问题就是：

"谁，是人力资源管理者？"

问题看似简单，四个选项中你会选哪一个呢？

  A. 人力资源部　　　　　B. 每一个人
  C. 业务部门负责人　　　D. CEO/CHRO

选择哪一个选项自然都有其道理，道理没有绝对正确的，很多时候要看具体的内外部环境。比如说有人问你："一瓶被人喝过的可乐，你会愿意花50元钱去买吗？"大多数人的答案都是"不愿意"。如果换一个问法："一瓶被人喝过的可乐，在什么情况下你会愿意花50元钱去买呢？"答案就变得丰富多彩、五花八门、脑洞大开了，大家都认同在快渴死的环境下花千金都愿意，只为续命。

人生如棋，有两样东西最为重要，一个是财，人为财死鸟为食亡，另一个是命，为了钱可以不顾一切，为了命可以舍弃钱财这种身外之物。

从这些角度来说，人力资源管理者的判断标准似乎可以提炼出来了：在不同的环境中，你担当什么样的角色，决定了你是不是人力资源管理者。

在企业内部的组织管理中，关于人力资源，有五种应用环境，简称为"选、育、用、留、优"：

S1——选：人才的选择总是排在首位的。

从小到大，我们都在做着各种选择，小时候个人没有选择权，只能选择父母的选择，比如上哪家幼儿园、读哪所小学、穿什么衣服、报哪些兴趣班等等。

在职场上，人才的选择是谁说了算呢？要不要这个人加入我的团队，是人力资源部决定，还是部门负责人选择？一句话，谁有选择决定权，在这个阶段谁就是人力资源管理者。

无疑，部门负责人有选择决定权，所以，部门负责人夺得头筹，获取1分。

S2——育：人才的培育是重中之重。

十年树木百年树人，教育为立国之本，对于部门管理而言也是如此。挑选了人才，人才到了新的环境，一定会遇到新的问题，如何让新人喜欢新环境、快速适应新环境、融入新环境，需要一系列的正式和非正式的培育安排。

而这一系列的安排，由谁负责最合适呢？通常，最有需求的人最有动力去负责并确保完成到位。这个最有需求的人无疑就是部门负责人，因为部门负责人最希望新来的人能够和自己上下同欲、齐心协力。

秦始皇统一六国后开展的"车同轨、书同文，统一货币、度量衡"，夯实了中国长盛之基础。育人为本，得人心者得天下，团队管理亦如是。

部门负责人责无旁贷，又获取了1分；人力资源部有义务让新人了解企业，安排新入职人员培训课程，也可以获得1分。

S3——用：人力资源管理的根本目的——有用才是硬道理。

古人云：学以致用。选育就是为了人尽其用，为部门、为企业创造价值，不然就没必要这么折腾、麻烦了。我们经常听到一个名词，叫作"用人部门"，谁是"用人部门"？相比人力资源部，业务部门是更普遍意义上的用人部门，人力资源部在为自己部门招聘HR人员时也是用人部门，但是此时的人力资源部也归类于业务部门的范畴了。

人才用在哪个岗位，由谁说了算？通常而言，部门负责人具有决定权，特别是部门范畴内的岗位人员调配，基本上都是部门负责人一言决之。不过人力资源部、CEO 也都能归入部门负责人这个范畴，员工个人也有一定的建议权。

综上可知，在这个环节，四个选项都可以获取 1 分。

S4——留：能留下来的才是真爱。

有的人，走了，头都不回；有的人，走了，依依不舍；有的人，走了，过段时间又回来了；有的人，没走，他留下来成了核心骨干。

一个人为什么离开一家企业？马云说："两个原因：一个是钱不够，另一个是心受委屈了。归根结底的一个原因就是心受委屈了。"让好的人才留下来，是每个管理者都想做到的事情；能不能留下来，靠的就是组织和个人的魅力。

进入一家企业，往往是因为这家企业本身；而离开一家企业，往往是因为企业里面的某个人，这个人通常就是他的部门负责人、直属上级领导。

这样看来，在"留人"这个环节，起最关键作用的，还得是部门负责人。部门负责人再次获得 1 分。

阶段性统计一下分数，目前部门负责人得 4 分，人力资源部 2 分，其他选项各 1 分。大局已定。不过，我们还是要把最后的一个环节看完才算完整。

S5——优：就是优化，更直白地说就是裁员。

不会裁人的 HR 不是一个合格的 HR。只要是 HR，好像都会被这样训勉、要求过。

是不是在这个环节就得是人力资源部独得 1 分、完全负责呢？我们再来看看部门负责人的权力。大鹏主演的《年会不能停》在 2023 年底上映后，收获了一大波打工人的点赞，电影中有一个细节，就是人力资源部启动"财源（裁员）广进"计划，要求各部门提交裁员名单。对，这是关键，要不要裁员的大政策，是公司 CEO 决定、人力资源部推动的，而具体裁谁，则是由各部门负责提交名单。部门负责人在这里有着关键的决策权！

所以，在"优"这个环节，CEO、人力资源部和业务部门负责人各取得1分，员工个人相对弱势，没有决策权。

综上，在人才生命周期"选、育、用、留、优"五大阶段，部门负责人全过程都拥有关键决策权，5分全取，人力资源部获得3分，居其次。

那么，到底，谁，是人力资源管理者？

答案显而易见：业务部门负责人。

业务部门负责人说："明白了，我要对我的下属人才负责，我认；可是，我不懂人力资源管理啊。而且，公司对我们的用人成本有着严格的管控，我们满脑袋都在想着怎么低成本产生高效益呢！"

没关系，我们变革后的人才梯队项目会让你有机会搞懂！

05　谁有激情

有一位老人退休了，整日在小广场旁边的大树底下躺着乘凉，安静而清凉，颇为惬意。突然有一天，有一群小孩也看中了这片小广场，整日在老人乘凉处附近兴高采烈地踢球吆喝，安静的环境变得嘈杂起来，老人皱起了眉头。他尝试过几次要求小孩们不要吵、到其他地方去踢球，小孩们完全不理会他，依然我行我素，踢球呐喊，不亦乐乎。

老人思考了两天，在第三天找到小孩们说："看着你们踢球踢得这么开心，我的心情也好了很多，谢谢你们。作为感谢，我给你们10元钱，拿去买水喝吧！我真的希望你们明天能再来！"小孩们很高兴，第二天果然又来了，老人又给了他们10元钱；第三天老人只给了他们5元钱，说自己手头紧张，但是还是希望他们明天能再来踢球，因为这对他的心情有帮助；第四天小孩们又来踢球，不过踢得没那么卖力了，到结束时老人只给了他们1元钱，原因还是手头紧张，不过仍然希望他们次日能再来玩，踢球给老人看。老人给完钱后就离开了，小孩们聚在一起商量："明天我们不要再来了。之前他给我们10元钱，我们踢得那么卖力，现在只给1元钱，还踢什么踢？要踢也到其他地方去，不能再让他开心了！"

次日，老人躺在大树底下，踢球的小孩们不见踪影。老人看着安静的小广场，露出了满意的笑容。

每次看到或想起上面这个故事的时候，我都忍不住思考一个问题，那就是在为人处世的时候，怎样才能饱含激情？什么样的人才最有激情？

人才梯队的构建，需要部门领导的支持，同时更需要人力资源部门找出真正有激情的人才纳入梯队培育范围中来。这是一个自人力资源管理诞生就一直存在的重要命题和挑战。

什么样的人有激情？有三句话可以尝试作为甄选的标准，即：

"为钱做事容易累、为事业做事能耐风寒、为兴趣做事则永不倦怠！"

在上面的故事中，退休老人成功地将为兴趣而踢球的小孩们从"永不倦怠的状态"变为"容易累"的状态，依托的就是这三句话的标准转换，其中奥妙真是越品越无穷！

然而，平心而论，故事中的老人和小孩，谁更有激情呢？无疑是小孩，小孩更具好奇心，对新生事物更有激情。

从这个角度而言，人才梯队的门槛设计，有三个问题必须提前思考清楚：

（1）要不要有年龄的设定？是挑年轻的还是挑年老的？

（2）要不要有学历的设定？是挑学历高的还是挑学历低的？

（3）要不要有主动性的设定？是挑自主推荐的还是挑别人推荐的？

事后回头看，这三个问题都是不辩自明的；而在变革之始，这三个问题确实耗费了总裁和我的不少时间，进行专项讨论、推敲和探索。

最终，我们引用了麦肯锡的大概率思维，不看个体变异，不考虑"廉颇老矣，尚能饭否"的误差，采取以历史来看未来的朴素理论，明确了人才梯队的基本要求：

（1）要有年龄的设定——年龄要比当前管理者平均年龄低2—5岁；

（2）要有学历的设定——学历要和岗位任职资格要求匹配，略高为佳；

（3）要看个人的主动性意愿，不能强赶鸭子上架！

我们明确了项目的一个基本思路：要想真正低成本少投入来玩转人才梯队建设，首要的就是找到真正有激情、能把工作当作兴趣来做的人！

06　沟通为王

关于人才梯队的设想和沟通是一个漫长的过程，经过连续三周的周会讨论，总裁和我终于完成了对大方向的确定。

在第四次的周会中，总裁提出一个新的问题："关于重构人才梯队，你认为各制造模块的副总裁会有什么想法？"

我一时被问住了，想了好一会儿才回答："据我的了解，每个副总裁都会有自己的想法，这些想法可能还都不一样。当然，没有调查就没有发言权，要不，我下周抽空去拜访他们做个了解吧？"

总裁点了点头，嘱咐道："多提问、多倾听，重大变革项目要注重沟通为王！"

接下来一周的时间，我紧锣密鼓地拜访了十位副总裁，主要沟通了三个问题：

问题一：您认为目前公司的人才梯队建设情况如何？当前存在的最大问题是什么？

问题二：公司若要推动人才梯队变革项目，您建议最需要注重哪三个方面？

问题三：您希望您当前/未来团队中的核心骨干具备哪些能力或素质？

不看不知道，世界真奇妙；确实如此，不问不知道，一问吓一跳。

原来每个模块的副总裁对于公司人才梯队的建设都有很多的痛点和自己的想法建议，有的已经在悄然改变并初见成效，有的虽尚在谋划阶段却想法新颖。一轮沟通下来，大家沉静的心如泉水般翻滚起来，一方面感觉到总裁办的变革决心，一方面也为自己能提出建议且被虚心听取而欢欣鼓舞……

在一周后的项目周会上，我向总裁汇报了与各模块副总裁一对一沟通收集到的反馈，总裁会心地笑了笑："看来大家有很多想法还是不谋而合的啊，不过，也有很多见解没有突破他们当前的局限。"

我点头，详细展开说道："是啊，大家都希望能有更多的梯队人才给他们使用，特别是需要打硬仗的时候能够拿来就用，最好是能做到像您之前所说的'来之能战，战之能胜'。同时，不少副总裁也希望能加大他们对管理干部的任用和晋升权力……"

总裁完整地听完了每一位副总裁的反馈意见和建议，逐一点评回复后，问了我一个问题："你知道为什么这个人才梯队重构项目只有我和你两个人做吗？"

是啊，我也奇怪呢，为啥子只有两个人开项目会？人是有点少啊。我心里嘀咕着，嘴上丝毫不慢地回应道："因为越重要的事项，越少人参加才能高效决策。我听说政府开会时，会议的重要程度与参会人数往往是成反比的！"

总裁回过头看了我几秒钟，然后说道："你说对了一部分原因，这个项目确实很重要。同时，这个项目也很难，我不希望大张旗鼓，所以初期不希望有太多的人参与。你也知道的，人多口杂，太多意见往往就会导致项目执行时无所适从。"

"明白，您的决策加上我的执行，这是一个完美的高效组合。谢谢总裁的信任！"

"我要的不仅仅是你的战略执行落地，还有很多细节方案都需要你自己来设计和落实。从下周开始，你可以叫上你的一个助手参与这个项目周会、做会议记录。现在整体大方向基本确定，接下来要开始设计可实施方案了。"

"好的，遵令！"我大声答应道。

沟通为王，不仅在项目运作中要和各个利益相关方多做沟通，更重要的是在项目设计过程中，发起人和项目负责人之间要多维沟通，形成信任、共识和合力，如此方能"运筹帷幄之中，决胜千里之外"。

每个人都有自己的影响力范围，1个人正常可以影响5—9人，所以项目初期阶段人数较少，沟通更频繁；此后慢慢增加项目成员，沟通频率仍然要保持。

人才梯队变革项目的各个阶段，每个项目成员只要能确保完全理解项目方向和运作要求，并发挥各自专业优势和影响力，就能使项目运作像滚雪球一样越滚越大，越来越扎实，进而推动项目明细化、稳步向前！

恭喜你已完成本章阅读！

温故而知新，请闭目安静回顾一分钟，尝试写下本章中让你印象最深刻的三句话：

1.

2.

3.

能写出来的才是真正属于你的！

第二章 立局之要

- 01 保密还是公开
- 02 完美还是完善
- 03 文化还是技能
- 04 先用还是先育
- 05 内驱还是外驱
- 06 刚性还是弹性

家电行业，是中国国民经济中的传统优势产业和支柱性产业。中国作为家电生产和消费大国，全球市场占比居于首位，涵盖了白色家电、黑色家电、厨房电器、小家电等多个细分领域，且每个领域都呈现出强劲的增长势头。

　　顺德作为中国家电之都，拥有着众多知名家电企业。格新美公司位居顺德最核心区域，过去十余年间呈现出"井喷式"发展态势，不仅在国内、国外两大市场上大步阔进，在工厂代工和自有品牌方面也成功发展形成互为犄角的业务模式。

　　效率的不断提升，市场的不断扩大，离不开产品的多样化深度开发和成系列研制推出。公司超过2000款的产品品种和持续迭代升级的产品平台，为公司赢得全球家电消费者的青睐提供了强大的专业支撑。

　　随着公司的持续发展，以往的借鉴跨行业领军企业的运作模式，慢慢地已经不那么适合了；特别是当公司自身已经成为行业领军标杆的时候，到了改革的深水区，我们应该怎样做才能继续保持领先，这是一个需要主动创新和变革的重大战略问题。

　　所有的企业创新和变革，其根源都在于——人。

　　人才梯队的变革项目，与其说是要重构企业所需的人才发展体系，不如说是要重构支持企业持续性发展的文化。

　　组织变革，文化先行。

　　在这个重大战略项目的落实执行方面，如何才能潜移默化地迭代文化？在过程中间，有六个思想难题需要提前碰撞和明晰化，果断做出抉择。

01　保密还是公开

十年前，我从富士康离开，加入了格新美公司，非常幸运成为直接对总裁汇报的项目经理。在 4 月到 9 月的半年时间内，总裁交给我两个大的流程改善项目，一个是设备投资方面的，另外一个是人员招聘方面的，改善后出台的流程获得了总裁的初步认可，于是总裁让我加入当年年底启动的重大变革项目——格新美公司组织调整项目，由我担任项目的甲方项目经理，配合广州正略钧策顾问公司的乙方项目总监和项目高级经理一同推动公司的组织调整。

历时三个月，从"小马拉大车直线职能制"到事业部形式"矩阵制"的组织调整终于完成。顾问公司的项目组功成身退之时，项目总监孙总特别嘱咐总裁：组织架构成功调整只是一个开始，更重要的工作是接踵而至的分权手册和流程改善，建议在总裁办成立一个专门的流程改善管理部，就叫 BPR（业务流程重组）管理部，专门负责组织调整后配套工作的落地。孙总向总裁特别推荐了我："爱国在项目运作过程中全程参与、积极主动，对项目内容和流程改善都非常熟悉，可以让他担任 BPR 负责人。"经过评估，总裁同意了孙总的建议，第二年年初就任命我为总裁办 BPR 部门高级经理。

上任伊始，第一件重要的事情就是紧锣密鼓地编撰符合组织调整后情况的分权手册。历经两个月的修改、讨论、再修改、审阅调整，格新美公司史上最完整的《分权手册》终于定稿了。看着这一份经过总裁办、董事会签批的沉甸甸的文稿，我提出了一个非常简单却在当时引发了热烈讨论的问题："总裁，这一份《分权手册》是要保密，还是要公开？"

当时，总裁办的两位领导沉默了好一会儿，没有回答。我继续说道："因为《分权手册》是要进行培训的，必须所有相关人员知道才能推行下去，但是如果培训了，就有可能流传出去，而这一整份文件也是公司的机密文件……"

经过一番讨论之后，总裁做出了裁定："完整的文件签批档是需要保密的，一定要设置高级保密等级，避免外泄；对各部门秘书和管理干部的培训一定要做，而且务必让大家都清楚我们今年的分权变化，作为推动下一步流程改善的基础。这需要你们BPR做好培训教材，让对应的人员看到他们需要看到的分权内容，而不要轻易看到其他与其无关的分权事项。"我大声答应并如是执行了，效果显著。

一晃八年过去了，在人才梯队变革项目运作上，我再一次提出与八年前相同的问题："这一份人才梯队变革方案，我们是要保密，还是要公开？"作为项目组呕心沥血的精品，方案制定过程中只有少量必要的人员参与，到了准备投入试行的阶段，我们该怎么操作？

总裁沉吟片刻，果断地说："正如此前的《分权手册》一样，我们要让需要知道的人知道，而完整的内容还是要注意做好保密工作，不要轻易外泄。"

"明白。"我想起总裁曾经不止一次提到"大张旗鼓往往虎头蛇尾"的警句，连忙补充道："我们会在试点期间先低调运行，待试点成功后再全面培训推广。"

总裁点点头，进一步嘱咐道："你把我们讨论的完整思路制作成试行方案，下周项目周会中讨论过后，向执行副总裁汇报一下，试点方案即可展开签批，然后分步骤试点推行。"

"遵令。"眼看曙光将现，我的声音不由自主地洪亮起来！

02　完美还是完善

《孙子兵法》曰："故兵闻拙速，未睹巧之久也。夫兵久而国利者，未之有也。"

在富士康工作期间，有一位美籍华人刘博士成了我的导师，他送给我的两句话，让我在职场中受益匪浅。

在人才梯队变革项目中，这两句话也非常好地解决了我们遇到的一个问题，即：

"方案制作，是要追求完美还是持续完善？"

人才梯队变革试点方案已经修改了五轮，但每次修缮之后再讨论，都能发现新的可完善处，总感觉方案未尽完美。这时候，项目组面临两个选择：

选择一：继续不断修改方案，确保完美后再进入下一环节。

选择二：快速推出试点方案，不追求完美，但确保在试点过程中不断完善，逢山开路、遇水搭桥，并将遇到的新问题的解决办法纳入新方案中。

这个选择题，总裁让我自己选。

深夜，书房，灯下。

我看着电脑中明日要汇报的PPT，思索着这个抉择该如何做，特别是该如何回应总裁的提问。因为我知道，不管我做出哪个选择，总裁一定都会问同样的一个问题："为什么选这个？为什么不选那个？"就如孔子他老人家在《论语》中所说的启蒙法："吾有知乎哉？无知也。有鄙夫问于我，空空如也。我叩其两端而竭焉。"

"凡事预则立，不预则废。"未雨绸缪之计，就是在项目组下次开会之前想好我的选择及令人信服的支持性论据。

放空自己头脑中的杂念，努力进入"当下不杂"的状态；突然之间，我又一次想起刘博士赠给我的两句话：

第一句："巧而迟不如拙而速。"

以前我不太理解这句话的意思，读了《孙子兵法》之后才知道它的出处；后来经历了两件事情，让我彻底明白了其中蕴含着的真知灼见。

15年前，我出差美国三个月，推行APTS（All Part Tracking System）。眼看项目就要结束，我心花怒放地期待着回国，因为妻子还有20天就到预产期，我快要做父亲了。突然，临时接到一项紧急通知，要求我火速赶到休斯敦另一家工厂支援一个半月；在推辞无果之后我快速执行了指令。

次日我坐飞机飞到那家工厂。下午两点刚抵达工厂，就接到一项紧急任务：领导要求我在当日晚上八点前汇总完成工厂里3000多个产品型号的标准工时和产能，并提出产能提升30%的改善计划。我大惊失色！这简直就是不可完成的任务，因为人生地不熟，因为英文不太好，因为水土不服……但是，所有理由都不能改变紧急任务的要求。于是，我一头扑到电脑前，整理各种产品产能相关资料，补全不足的资料，复制，粘贴，计算各项标工、产能数据，直到晚上7点50分，才完成70%的数据。我突然想到刘博士的那句话——"巧而迟不如拙而速"，于是将70%的汇总报告在8点前发给安排我过来支援的上级领导史处长，在邮件中我写道："以上为初步报告，已整理完成70%，仍在继续完善，预计今晚10点前更新一版发出。请知悉！"邮件发过去不到两分钟，就收到史处长的回复："收到，谢谢！Please go ahead."晚上10点钟，我将完成了90%的报告更新发出，然后继续完善；到11点半，基本完成，再次更新发出。两次邮件发出都得到了史处长的快速回复和致谢。

第二章　立局之要

第二天上午，我得悉，我发给史处长的报告仅是他发给客户报告内容的 1/7；而史处长通宵达旦地整理，在凌晨 4 点将更新汇总的完整客诉改善对策报告用邮件发给客户，只因为客户的要求是："我要在一上班的时候就看到你们的完整改善方案。"

亲身经历是更具说服力的东西；经此一事，我对"巧而迟不如拙而速"的理解上升到一个新的高度。而在格新美公司一次旁听总裁电话的经历，更让我发现真理是放之四海而皆准的。

酷夏的一个周五下午，在格新美公司的总裁办公室，总裁在电话中对项目中心负责人大发雷霆。

我走进办公室时正好听见总裁说："……客户要求下午 3 点前要收到检测报告，结果 3 点过了一分钟，都还没有收到邮件，也没有任何解释，我们的项目经理在做什么？懂不懂得什么叫作客户至上，懂不懂得什么叫作守信用？……没有完成检测？那为什么不能提前发一份部分检测的报告？……网络延时邮件没有发送成功，为什么不能考虑到我们的网络延时，提前做准备？……没有任何借口，我的要求是对客户说到的就要快速、及时响应……"

旁听到的这一通电话，是总裁对"巧而迟不如拙而速"的身体力行，更是优秀企业践行客户就是上帝理念的真实写照的冰山一角。

刘博士赠给我的第二句话是："边做边改边完善。"

任何事情都没有办法一步到位达至最佳，最好的方法就是持续改善。不仅富士康是在一流的客户要求和鞭策下不断成长，格新美公司也同样如此；格新美公司内部流传最多的一句话就是"客户虐我千百遍，我待客户如初恋"，企业由此得以稳步发展和壮大。

借助刘博士的两句赠言，辅之以具体案例实效证明，在次日的周会讨论中，总裁认可了我对公司优才库试行方案的选择决定：边做边改边完善，优于完美主义。

人才梯队变革项目的试点方案，终于得以确定；项目运作，向前迈出了坚实的一步！

03　文化还是技能

人才梯队项目，是一个很大的项目，范围涉及公司的全体人员。

俗话说"饭要一口一口吃""一口吃不成个大胖子"，所以在这个项目的运作之初，我们就给定了项目初期所覆盖的范围，即第一阶段先从管理干部开始，从高级主管到各级经理，再到各级总监，最后涵盖到副总裁；所有想要晋升到相应级别管理干部的人员都应纳入对应的人才梯队项目范畴。在格新美公司，我们给这个项目取了一个既好听又容易记的名字：

"优才库"！

这天，在项目周例会快结束时，总裁问了这么一个问题：

"你们觉得管理干部的人才梯队，要不要培训？培训的课程内容，究竟是以文化为主，还是以技能为主？"这个问题总裁不需要我们现场立刻回答，而是要求我和另一个新加入的项目助理——静欣慎重考虑讨论后，在下次会议中给出回复。

因为这是一个重要项目，所以虽然在向总裁专项汇报的项目会议中只有三个人，但是在人资模块内部，我还另外组织了一个五人专项小组，每周进行项目的细节工作推进落实，也是每周召开专项沟通会议。

在这个项目周会中，我将总裁提出的问题又提了出来："你们觉得，管理干部的人才梯队，要不要培训？培训的课程内容，究竟是以文化为主，还是以技能为主？这是总裁提出的问题，我想听听你们每一个人的想法和意见。"

负责培训工作的韦经理第一个发言："我觉得要培训，不仅仅因为我是培训部的经理，更因为管理干部以前就有培训，如果要做到更专业、更精细化，培训是必不可少的。对于培训的内容，我觉得应该以技能为主，目前我们公司的管理干部欠缺很多管理技能，把这些管理技能通过培训教给他们，更有利于提升管理效率；不过文化的培训也不能忽视，建议可以安排 1—2 堂文化课程纳入培训。"

负责干部管理的路经理第二个发言："总裁提出的这个问题确实是一针见血啊，很难回答。如果从我的角度来看的话，我觉得第一个问题，我们要思考的是培训的占比安排，对于优才库人员的培育到底由哪些部分组成？毋庸置疑，培训应该是其中的重要组成部分。而关于文化和技能何者为先，我的观点和韦经理有些不一样，我认为文化的培训很重要。现阶段，公司的管理干部在对公司文化的了解和认可方面存在着不小的问题，但是管理技能的培训也不可或缺。"

负责系统推进和数据统计工作的黎主管接着说道："我觉得韦经理和路经理讲的都有道理，不过我个人还是希望能够多一些管理技能的培训。因为我自己就是莫名其妙地成了管理者，但是都不知道该怎么管理团队，管理的很多技能都没有人系统地培训过我。幸好有鲁总推荐的管理书籍和日常指导，不然我都不知道该怎么去管理团队。"

最后发言的是静欣，作为参加总裁项目周报告会议的一员，她思考得更加细致一些，提出了一个非常重要的细节："我听到总裁在提出这个问题后，还建议我们去参考党校的做法，你们觉得党校的培训课程是以什么为主的呢？"

韦经理立刻拿出手机搜索起来，大家也纷纷查资料快速了解，最后得出了一个初步结论：党校的课程是理论教育、党性教育、能力培训三者结合的，其中思想文化方面的课程占多数。

听完大家分享的党校课程内容，静欣继续说道："所以我觉得，公司建设管理干部的人才梯队，就像党校培养党的干部人才梯队一样，应该以思想文化为主，以技能培训为辅。公司的发展历程、公司每个成长阶段的文化内核，都应该找到公司的高层进行思想文化的提炼，进而系统地培训，灌输传达给优才库的每一个学员，让他们能与公司保持同频，形成强劲的团队战斗力！"

大家听完静欣的发言后纷纷点头，我也适时做了一个总结："很早以前我看过一个段子，说为什么在解放战争时期，国民党打不过共产党，主要原因有两个，第一个就是打仗冲锋的时候，国民党的长官习惯喊'弟兄们，给我冲'，共产党则喊的是'兄弟们，跟我冲！'你们说，哪个更有战斗力？"

路经理脱口而出："肯定是'跟我冲'的那一个团队更有战斗力啊！"

"你说的对。实际上，第一个原因的形成是源于第二个原因。第二个原因就是：共产党比国民党多了一个人，连级单位安排一名政治指导员，营级单位设政治教导员，团级以上的队伍设政委，主要负责团队的政治思想工作。《孙子兵法》中也说：上下同欲者胜！"我说道，"总裁提醒我们要向党校学习借鉴，我非常认同。早在2015年的时候，我听了一个国务院'首席智囊'的课程，他当时提到的一句话，我现在都记得。他是这么说的：'智商高的，大多数都去搞研发或进高校；情商高的，多数都去做了销售或是自己当老板；而智商和情商都高的，基本都去了政府部门。'所以，企业里面的很多运作，我们可以直接向政府部门的成功经验学习乃至复制……"

经过大家的讨论沟通，我们列举了各级党校的课程清单，明确提出优才库培训课程"以文化培训为主、技能培训为辅"，提炼了其理由并纳入会议报告PPT中。在次周的项目周例会中进行报告时，这一点获得了总裁的认可。

此后经过多次完善，管理干部优才库的培训课程清单逐步明确，主要为5＋3/6＋2的方式，即5—6门文化必修课程加2—3门技能选修课程，其中文化培训课程根据管理干部的层级不同，区分为T2/T3两类，具体如下：

序号	课程	T2 级	T3 级
1	格新美发展历程	1	1
2	格新美战略分析	1	
3	格新美文化价值观综述		1
4	格新美精神与核心竞争力	1	
5	格新美人才发展观	1	
6	格新美品质系统沿革发展		1
7	格新美创新系统与运用	1	
8	创新思维		1
9	格新美成长体系		1
10	格新美共享机制	1	
	合计	6	5

方向清晰，课程明确，接下来就是邀请称职的讲师，不过，这也是一门很有小窍门的学问！

第二章 立局之要

04 先用还是先育

"你了解军队改革的三大分工吗?"因为我迟疑着未回答,所以总裁就自问自答地往下说:"军委管总、战区主战、军种主建。这三句话你如果能领悟明白,我们的人才梯队优才库项目,就算是成功一半啦!"

"这么神奇?总裁能给我们大概讲解一下吗?"在项目发起第一天,总裁对我说起过军队分工方式之后,我也特地了解了一些内容,不过我对军队改革运作的认知比较肤浅,所以此时就趁机向总裁提问请教。

看着我惊喜好奇、似懂非懂的神情,总裁笑骂了一句:"这些还是要你们自己去钻研学习才更能明白。其实我也不完全清楚,不过只要大致上了解我们公司内部三大职能架构和这三句话的对应关系就行了。你们认为,军委、军区和军种,分别对应我们公司的哪些模块?"

我尝试着回答:"军委管总,对应的公司内部组织应该就是总裁办,总裁办主要负责优才库项目的战略管理和方向统筹;军区主战,和我们的各个事业群和职能模块很相似,都是负责作战的业务单元;军种主建,是不是就是人资模块面向未来的发展进行各类人才的培育?"

总裁先是点了点头,后来又摇了摇头,看我说完了,点评道:"你有些说明白了,有些还没有说到点子上。从一定意义上讲,军种好比工厂,战区就是它的客户,军种的主要任务是为战区提供合格的产品,这个产品就是部队。军种主建的主要目的就是实现人机结合,为战区打造一支来之能战、战之能胜的合格部队。军区或战区管战,重点在于各军种、各系统的融合并蓄。"

总裁端起桌上的水杯,喝了一大口水后,继续说道:"公司董事会、总裁办就是公司的'军委',统管全局和方向,这一点基本正确。事业群和销售公司,这些利润模块就是'战区',它们的职责就是打仗、打胜仗；而要在未来更好地做到这一点，我们就需要在优才库项目中加大'军种主建'的力量，这股力量包括人资模块，却不是人资模块自己能够搞定的。静欣，你觉得还应该包括哪些模块？"

坐在一旁写会议记录的静欣吓了一跳，似乎没想到居然还有她发言的机会，仓促回答道："总裁，对不起啊。我的经验还不够，你们这么高端的顶层设计会议，我有一大半都听不懂，有些云里雾里的！"我赶紧给静欣使了一个眼色，对她说道："静欣，总裁问到你，你就尝试着思考回答，从你的理解来说说看，还有哪些模块可以纳入'军种主建'的范畴？"

静欣看着总裁审视且期待的目光，深吸了一口气，思索了片刻，说道："我觉得有一些职能模块应该也算是'军种主建'的力量，比如说品质模块、物流模块等。只是感觉啊，至于原因和其他的，我就说不上来了。"

总裁点了点头："是的，各行业协会都需要加入进来，品质模块对品质人员，物流模块对物流人员，IE 行业协会对 IE 人员，诸如此类。我们需要大力提升管理干部面向未来的综合作战能力，这就不是一个模块力所能及的。总裁办、人资模块、各行业协会和职能模块都在这个范围内，重点是如何将这么多股力量拧成一条绳，这就是我们这个项目组的主要使命，我们需要慎重思考。"

说到这里，总裁很郑重地站在我的面前看着我，叫着我的名字："爱国，你知道你的角色吗？"我一个激灵，立马站了起来："总裁，您的旌旗所指，就是我全力以赴的前进方向！"总裁拍了拍我的肩膀："你，代表的不仅仅是人资模块，在这个项目中，你代表的是总裁办，代表的是我。记住，这个项目，是公司未来五年非常重大的战略项目，是总裁办的重点战略项目！"深感重任在肩的我连连点头："明白，谢谢总裁的信任！虽然'压力山大'，但我们必将全力以赴，使命必达！"

"你也不要有太大的压力，毕竟这个项目的主要负责人是我。"总裁笑了笑，然后话锋一转："这次会议后，你回去先好好思考一个问题：优才库培育人才，是先用还是先育？"

带着这个问题，我回到家中，吃过晚饭，点亮台灯，端坐在书桌前，开始了反复斟酌：优才库培育人才，人才梯队项目，对人才到底是先用还是先育？

不知不觉中，我联想到了《亮剑》中的一个片段：国民党暂七师师长常乃超在淮海战役中被俘，新中国成立后成为南京军事学院的教员，被安排给李云龙等解放军将领上课，李云龙嗤之以鼻，质疑"败军之将有何资格给老子上课"……最后，常乃超凭借深厚的军事理论素养赢得了李云龙的尊重。

有一个关于人才选择的千古难题：

"所有人都希望找到德才兼备的人才，但二者往往不可兼得，若只能选一个，作为老板和领导的你，是要德为先，还是才为先？"

多数人会认为"德为先"，少数人认为"才很重要"，极少数人笑而不语。

其实，任何问题，都没有标准答案，因为有一句老话叫作"因时因地制宜"；或者说，勉强要说的话，只有一个标准答案，叫作"看情况"。

不仅"德才孰为先"这个问题要看情况，根据组织发展阶段和所处环境的不同，"人才发展，先用还是先育"这个问题也是如此。组织发展通常有三个阶段，每个阶段要考虑的事情和选择都会不一样：

第一个阶段，对于小企业，在每日忧心忡忡思考如何生存下去的时候，确实没有太多的精力思考培育，人才方面基本上是要求拿来就用，用好了就好，用不好就赶紧换一个，反正都是朝不保夕地拼命过日子。

第二个阶段，对于中型企业，稍有余粮，感觉要更上一层楼时，当前的队伍就有些力不从心了，于是一方面抓紧精挑细选、找高人指点，另一方面开始内部强化培育平台，尝试构建文化传承。这是摸索阶段，先用还是先育，基本看业务紧急程度，多半还是边育边用、边用边育。

第三个阶段，对于大型企业，特别是上市公司，这个时候就上了一个新的台阶，有钱有闲，往往已经成为行业或细分领域的领头企业，在人才市场里直接找人才的难度系数成倍增长。特别重要的一点是，此时的企业已经逐渐形成了自己独特的企业文化，一方面凭借企业文化凝聚着现有团队的人心、获取客户的信任和认可，另一方面这一套企业文化也天然地将其他有经验的优秀人才隔离在门外，不经过一番融合，外界人才很难登堂入室。所以，此时的企业，在人才发展方面，更多的应该是先育，然后再用；各类人才，都只有经过培育，真心接纳了企业，思想认同、融入了企业的文化，才能在大平台上获得用武之地，进而发光发热、再创辉煌。

想到这里，我产生了一个疑惑：格新美公司在总裁的带领下，应该已经进入第三个阶段了，不过，为什么公司人才发展还是徘徊在第一个阶段和第二个阶段的野蛮放任式运作呢？

一瞬间，我似乎明悟了总裁今天向我强调"记住，这个项目，是公司未来五年非常重大的战略项目，是总裁办的重点战略项目"的用意所在！

是的，对格新美公司而言，从野蛮放任的"先用"试错法，向军委改革那样的"来之能战、战之能胜"的"先育后用"模式转变，是一项大势所趋、势在必行的变革。这是优才库项目的重要使命，更是任何有志于成为百年企业的大型公司必须面对的涅槃之旅。

05　内驱还是外驱

"不要相信那些神话，优秀的人才不是招来的，而是自己培养、训练出来的。"在《马云：未来已来》这本书中，作者写下了这么一句话："未来是最难把握的，因为它变化，它无常，把握未来的最佳方法不是留住昨天或争取保持今天，而是开创未来。"

自从三年前开始担任公司人力资源中心负责人，我就尝试着借鉴全球代工龙头企业富士康的育才方法，直接借用了富士康在21世纪初启动的"新干班"的名称，作为格新美公司每年招收的应届毕业生群体的专属称谓，意为格新美、新时代、创新未来干部培养培训班（注：富士康在2010后改用"菁干班"来专指其所招收的应届毕业生群体）。在公司第二届新干班的转正面谈评审中，有一个年轻小伙子意气风发，简明扼要地回答了我提出的"年轻人要向年长者学什么，年长者要向年轻人学什么"的问题，他是这样回答的："我认为，公司要开创未来，就需要勇于开创的年轻人，我们新干班就是这样的年轻人先锋群体。作为年轻人，我们无所畏惧、勇往直前，需要向年长者学习的就是经验；而作为公司的前辈、年长者，你们需要向我们年轻人学的就是创新、勇于突破自我！"

当我把这一段故事转述给总裁时，总裁连连点头，赞叹不已："公司确实需要多一些这样的年轻人才。现在公司处于很重要的转折期，你还记不记得去年年底深圳市中小企业联合会会长来评审我们时提的问题？"

总裁问的是公司申请市政府质量奖时遇到的一场高质量评审。当时来公司评审的小组组长是深圳市中小企业联合会的会长，问的一系列问题都非常的尖锐，也非常的深刻。我记得其中有一个问题是问总裁："您觉得贵公司和全球第一大代工厂富士康有什么不同？为什么富士康做品牌做了这么多年没有做成，而你们目前做得却已经颇有成效？"

我记得当时总裁的回复中有一段是这么说的："……我们公司的人资负责人就是从富士康公司'毕业'的，我们公司和富士康还远远不能相比，各方面与之相差甚远，我们还要好好向富士康学习。而在品牌运作方面，正因为我们的规模尚小，经历了几次碰撞之后，我们摸索找到了一条大胆授权的合伙人制度，从分权、流程、治理和激励各方面竭尽全力地将品牌运作与传统的 OEM/ODM 运作模式分割开来，也经历了很大的困难和挑战。幸运的是，我们终于走了出来，让 OBM 品牌运作没有太受原来的代工商业模式和运作流程的影响……"坐在总裁旁边的我也适时补充了一句："因为我们公司的品牌运作是总裁亲自负责，总裁直管品牌发展战略策划部。正是在总裁的亲力亲为和大力推动下，品牌发展诸多领域的分权改革和流程再造才能有效推动！"

评审组组长对我们的回复表示高度认可："确实，企业要变革发展，如何推动关键人才的积极性和驱动力是重中之重。在这一点上，贵公司在总裁的带领下，走得非常稳健而且有效！"

评审组评审后提出了不少非常中肯的改善建议，其中就包括要定期迭代公司自己的《企业文化手册》，要定期对员工的满意度、敬业度进行评价和比较并记录在案。最后，公司成功获得了当年市政府质量奖的荣誉，人资模块更新迭代了《企业文化手册》，并启动了员工满意度季度评价机制建设。

回忆起这一段往事，我不由自主地再次对总裁竖起了大拇指："总裁，您当时对评审组组长所提问题的敏捷应对和快速回复，其精准性真是令人叹为观止！特别是关于解放生产力要充分激发核心人才积极性的这一部分，确实具有超前意识，非一般的企业负责人所敢想和能做。"

总裁叹了一口气："企业经营不易，最重要的就是团队。人心齐，泰山移，这个道理大家都知道，但是如何才能做到却真的不是那么容易的。爱国，你觉得，内驱和外驱，这两者有什么不同？"

这是人力资源的专业知识啊，我精神一振，头脑中就涌出一系列的人资专业定义和评价，正准备抖搂出来让总裁看看我的专业性时，总裁像是未卜先知似的补充道："人资专业的定义你就不要拿出来显摆了，说些你自己的理解，节省我的时间。"

好嘞，我抛开本来也不太喜欢的专业定义说教篇，个人理解张口就来："我个人比较喜欢内驱，因为内驱是发自内心深处的，更持久和强大。在富士康的总裁语录中就有这方面的三个层面描述：第一层是为钱做事容易累，第二层是为理想做事能够耐风寒，第三层是为兴趣做事则永不倦怠！我认为外驱就是第一层，容易累；内驱就是第二层乃至第三层的境界，能够生生不息！"

"那么，在优才库这个人才梯队项目中，我们要选拔培育的优才，应该是内驱动还是外驱动呢？具体的设计方案中要怎样才能更好地引导呢？"总裁及时提出了他的问题，这下，活又来啦！

"明白。我会将这个底层逻辑纳入方案设计中去，后续凡是不能内驱的人员，都不会勉强纳入我们的优才库范围，毕竟强扭的瓜不甜、三百斤的水牛不喝水也不能强按它低头！我的建议是以内驱为主，辅之以外驱措施推进。对的，外驱还是不能完全没有的，毕竟，目前公司内部的大多数打工人是抱着出门千里为求财的朴素目的而来。"

"还要额外花钱？"总裁皱起了眉头，"要花多少钱？总部也在预算管控之下，如果花费太多，总裁办可没有额外的预算给你。"

听到这话，感觉是有戏啊，闻弦歌而知雅意，我赶忙顺着总裁的话音接着往下捋："总裁，这个不用花太多钱。毕竟，我们这个项目强调的是以业绩论英雄，是不见兔子不撒鹰的，除了一些基本的培训费用之外，初期所需要花费的只是我们人资模块兼职人员的投入，以及各阶段运作过程中的简单物资、场地投入。不过，在运作之初，对优才库培育对象要有一些后续的激励津贴作为胡萝卜，鼓励大家积极参与优才库培育并成功毕业。整体而言，这笔钱大概要一年半到两年后才会发放，而且每个人每个月的金额也不大，只是需要有一个胡萝卜的吸引效果而已。我和静欣回去详细计算一下，保证控制在您给出的预算范围内。"

"同意。允许有少许激励，不接受纯粹的物质刺激。你要记住，这个人才梯队项目，我要的是大家逐渐发自内心地投入进来、自发地驱动，而不仅仅是为了钱而拼搏。你们可以多与非物质的激励，比如晋升、荣誉、专属权利等进行挂钩设计。同时，我的要求是悄无声息、低成本玩转人才梯队，爱国，你懂的！"总裁给了我一个示意的眼神，端起了水杯。

领会到这是端茶送客的意思，我马上站了起来："遵令，保证完成任务！"

06　刚性还是弹性

"千呼万唤始出来，犹抱琵琶半遮面。"

看着历经多轮讨论方提炼而成的优才库运作流程，我心中就不自觉地浮现出了白居易的上述两句诗，颇有"诗言志"的感觉。

优才库的运作流程简单明了，只有八个步骤（如图2-1所示）：

第一步，优才举荐，取自汉朝的人才举荐制度；

第二步，优才初筛，符合基本条件的才能入围，过程中还有闯五关的心跳；

第三步，优才培养，重头戏在这里，"三选""三练"培育优才；

第四步，优才考评，没有真材实料，必将铩羽而归；

第五步，优才毕业入库，历经千辛万苦，有志者方能守得云开见月明；

第六步，竞聘上岗，进入优才库是干部晋升和竞聘上岗的必要条件，新的平台只给勇于拼搏者；

第七步，试用评价，有用才是硬道理；

第八步，成长激励，不仅是职位的成长，更有学有所成后的精神物质收获。

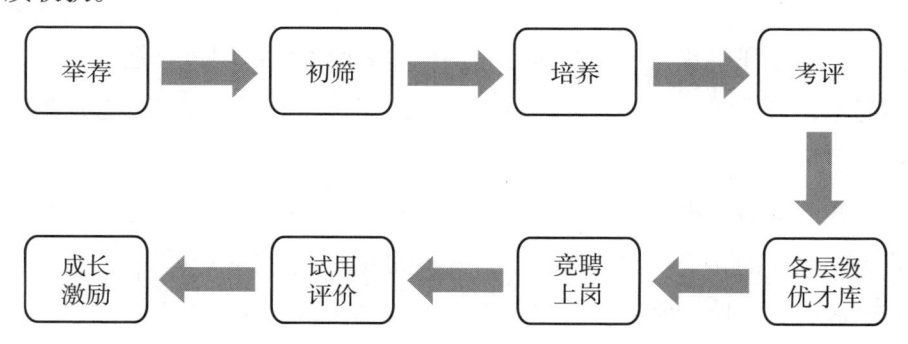

图2-1　优才库运作流程八步示意图

看着这八个步骤，感觉项目启动至今，终于呼之欲出了。我估摸着这次项目会议之后，就应该进入新的阶段。关键时刻，一定要和领导保持同频。想到就做，在项目会议中刚介绍完这八个步骤的我，立刻开口问总裁："总裁，在优才库项目运作的过程中，您最重视的是哪一个环节？"

总裁看着这八个步骤，一直沉吟不语，也不知道在思考着什么；听到我的问题，他暂停了思考，说道："重要的不是我最重视哪个环节，而是哪个环节最会惹来大家的反弹和争议。你们认为呢？"

这是一个好问题，确实，项目运作就如行军打仗一样，要未算胜，先虑败。我想了想，感觉还是第六个环节风险最大。在正面回答之前，我先过了个桥：

"总裁，上周您提出要有驱动力，让大家能积极参与优才库项目。我们觉得非常有道理，回去商量了一下，建议执行层面一定要将人员晋升与优才入库挂钩。只要将优才培育和成功毕业作为管理干部晋升的必要条件，大家的积极性就一定能上来。不过，这一项要求一旦纳入，在进行第六步——竞聘上岗时，我们的压力就会特别大，或者说，每到年底人员要晋升时，各个副总裁找过来，您和总裁办的压力就会特别大！"

总裁笑骂道："这个压力是很大啊，我可不背，你别净给我揽事情做，特别是那些费力不讨好的活儿。后续你们人资部门自己把这个压力扛起来，各模块的干部晋升名单，我一律要求你先签字才允许送到我这里来。"

我脸上显出为难之色，诉苦道："这应该行不通啊，所有人都知道我是唱黑脸的，找我肯定过不了，就不如找您；找了您签了字，我这边立刻放行。所以大家都会在找您汇报工作时，向您诉说这个干部如何如何，没有功劳也有苦劳，没有苦劳还有疲劳，特别是今年我们单位业绩这么好，他的三劳都功不可没啊；然后您心一软，觉得有道理，于是手一松：要不就晋升了吧！"

看着我表演得活灵活现，静欣在一旁忍不住笑出了声，赶紧捂住嘴。总裁也有些忍俊不禁，笑着打断了我："你也知道总裁办的难处了。每年都是这样过来的，这两年，尤其是你自己，就是诉苦诉得最多的那一个，你刚才这一段也算是本色出演了！言归正传，如果我们把进入优才库作为晋升的必要条件，会有哪些风险？具体说说。"

"那我先说说好处。将进入优才库作为干部晋升的必要条件，显而易见的好处就有三个：①师出有名、名正言顺，自上而下人人重视，优才库人才梯队项目立刻成功了一半；②干部的规模能得到有效的控制，今年年底各模块干部晋升的提报就会慎重一些；③公司的用人理念——能者上、平者让、庸者下，从口号落实到了优才库项目平台的务实操作上，各级员工对公司用人的信任度将逐步增强。"

我看了看总裁，发现他虽没有说话，眼神却更亮了些，于是清了清嗓子，继续说道："凡事有利必有弊，如果这样做了，可能存在的风险主要是以下两个方面：第一，带有赤裸裸的夺权意味，这可是动了各模块负责人的奶酪，可能会引得大家群起而攻之。本来公司大方向是要分权到各事业群，各个事业群的副总裁也一直埋怨公司总部说一套做一套，光打雷不下雨，这次干部晋升方面又生生增加了一道手续，搞不好变革未成，我就'出师未捷身先死'了。"

总裁及时给了我一颗"定心丸"，说道："放心，我会在后面撑着你的！这算是一个风险，还有一个是什么？"

"谢谢总裁！第二，就是中层管理者不理解、不支持、不配合，毕竟是对他们的晋升增加了环节，虽然出发点是好的，但凡是与过去不一致的，都会导致大家的不习惯和下意识的对抗。"

看着总裁又皱起了眉头，我连忙道："我觉得，第二方面的风险确实存在，不过也是可以化解的。正如您之前说的，这个项目是公司未来五年非常重大的战略项目，是总裁办的重点战略项目，有正式的红头文件加持，辅之以全方位的中层干部培训和宣传，问题不大。重点问题我觉得还是在第一方面，比较难搞。"

"你觉得优才库项目的推行是要刚性多一些还是要更柔一些？"总裁没有正面回应我的问题，按照惯例给了我一个新的启迪。

听着类似的问话，我一时仿佛回到了11年前在富士康推行PCAS（制造成本分析系统）的场景：

会议室中，我大声喊道："绝对不可以让步，今天这里让步了，后续那里再让一步，然后我们就会发现，我们已经无路可退了。所以，今天，我的决定是，绝对不能让步，我制定的这套异常工时代码，非常完整而有效，我决不同意删减简化。"洪协理看了看会议室中的其他人，摆了摆手："今天会议先到这里，大家先散了吧。爱国，你留一下。"

当会议室只剩下我们两个人的时候，洪协理问我："爱国，我很认可你的观点，也很欣赏你的坚持和勇气。就算所有人都反对你，你也能坚持，这一点我特别欣赏。"我感觉一时间心中的怒气化为乌有："谢谢领导的理解和支持。"洪协理继续说道："目前摩托罗拉这个手机事业处的大多数人都反对你提出的异常工时代码清单，连资深的IE罗课长也明确反对，你觉得主要的原因是什么？"我不假思索地回答："因为他们觉得这个太复杂了，他们以前完全没有运用过异常工时代码，所以希望先从简单的开始设计，说是只要人、机、料、法、环五大类别就可以了。可是，我给出的这一套方案已经是经过验证运用成熟的，在台达电子已经用了超过十年，非常精准。我认为要用就用最好的，以后他们会理解和接受的。"

洪协理点头肯定了我的观点，接着给我说了一段往事："爱国，我以前也推行过不少项目，也遇到过你现在这种情况，当时我和你一样也很坚持，以前我的前辈给我讲过一个故事，我觉得有道理，你也听听看？"我点点头，用期待的眼神看着他，他接着说道："有一个学生，成绩很差，每次考试只能考三四十分，家里请了一个很优秀的老师单独教他。你觉得，优秀老师一开始给这个学生讲解试卷、试题，是简单的还是很难的？""应该是要容易些的，先把容易的做会了，再挑战更难的。"

"是的，要先易后难才可以。你遇到的情况也是类似的，现在 MBD 的异常工时管控就像三四十分的水平，而你给出的标准版本是 90 分的水平，大家理解不了也是正常的。你看能不能先给一个容易的版本，比如六七十分水平的，跟大家讲解明白，让大家接受了之后，再进一步拿出 90 分水平的版本，这样是不是会更好些呢？"

我低下了头，旋即抬起头看着洪协理，说道："我明白了，谢谢协理。"洪协理语重心长地和我说了一句话："做项目，就是要'无欲则刚，有容乃大'！"

"无欲则刚，有容乃大。"我下意识地将这句千古名言复述了出来，一下清醒过来，看着总裁，语气坚定地回答道："对于这个总裁办战略项目，我们的基本立场是鲜明和果决的，这个事一定要做，一定要做好，一定能做到，这是战略的刚性；而在项目推行的过程中，一定要联合一切可以联合的人，取得大多数人员的支持或者是不反对，这是项目运作的柔性。我认为应该将这两者结合，刚柔并济才行。还请总裁指点！"

"我知道你之前也读过不少华为的管理书籍，你要记住任正非强调的'妥协与灰度'。这就是我们优才库项目运作尺度的基准所在。"

我点了点头，若有所悟，又追问了一句："那么，今年年底的干部晋升，要不要把进入优才库作为必要条件啊？"

总裁微微一笑，没有回答，却又像是有了回答……

恭喜你已完成本章阅读！

温故而知新，请闭目安静回顾一分钟，尝试写下本章中让你印象最深刻的三句话：

1.

2.

3.

能写出来的才是真正属于你的！

第三章 请君入瓮

01　没人报名咋整
02　报名太多咋弄
03　初筛就玩心跳
04　"平静"的360评价
05　以业绩论英雄
06　居然还要面试

人才梯队变革，不仅对家电行业的领军企业格新美公司来说是一个大挑战，对各行各业致力于持续成长壮大的公司来说都是一个必须面对的挑战。

自从总裁明确了项目启动之后，我，人力资源模块负责人鲁爱国，作为这个项目的直接负责人，就开始思考筛选项目执行组的必要成员：人太多了没必要，太少了不顶事，除我之外，四个小伙伴应该合宜。

静欣，是香港理工大学的硕士研究生，本科学的人力资源管理，研究生学的心理学；毕业后就加入格新美公司，成为我的项目助理，两年来成长非常快，从无到有地独立推动建立了完整的公司胜任力素质测评体系；自从加入与总裁面对面的项目讨论会之后，在战略理解和执行方面更是突飞猛进。这个人，是第一个纳入项目执行组的核心成员。

韦佳，是一毕业就加入公司的老员工，母校是广西大学。自从2002年加入公司后，一直专注于人力资源培训工作，在公司成立BPR管理部时主动报名，加入BPR协助我推动公司流程改善工作。在BPR经历了五年挑战之后，横向调岗成为公司培训部的负责人，现在已经是公司培训部的经理，对公司上下人文情况和各部门流程运作了如指掌，性格开朗，学习力和执行力都可算出类拔萃。过往多年公司的人才培养班，特别是优才库之前的经营精英训练营，都是她协助我推行落实的，所以，韦经理是执行项目组的必备之选。

黎欢，是郑州大学人力资源和生物学双学位本科毕业生，2009年毕业后即加入公司成为工厂人资专员，也是顺德本地人。她个子不高，但是精力旺盛，富有激情，做事缜密较真。自从2012年主动申请加入BPR管理部后，迅速成长为流程稽查组的组长，我兼任人力资源中心总监之后便将她转入人力资源中心，专门负责各类人资改善项目和人资数字化转型项目，目前的职位是高级主管。对于人才梯队变革项目来说，所涉及的数据分析和数字化系统都需要她的支持方能快速落地。所以，黎主管成了项目执行组的第三人。

第四个人选，我有些纠结，因为人资中心有好几个很优秀的经理，从背景、履历、能力和经验各方面来说都能胜任，我恨不得将他们都纳入项目执行组。在综合考虑他们的职责、负荷、可用时间及全程必要性之后，最终选择了干部管理部的路通。路通是干部管理部的副经理，海南大学工商管理专业毕业后就直接加入公司，对人力资源的绩效管理、专业评定和干部管理工作有较深的认识，为人处世特别周到，后续优才库项目结案后转为例行流程时可由他负责的干部管理部进行承接、持续运作。

　　在一番一对一沟通后，四人欣然答应加入项目执行组。项目执行组五位成员，两位来自985院校，三位来自211院校，可谓精英齐聚。

　　人才是第一生产力，继项目核心组明确人才战略方向和底层逻辑之后，项目执行组的战略执行工作风风火火地开展起来！

　　战略分级落地，组织有序运行。

01 没人报名咋整

从8月份项目发起，到了11月份项目试点方案完成，格新美公司人才梯队变革项目——优才库，终于开始进入"小荷才露尖尖角"的试水阶段。

初步产出是一系列方案文件，不是一份，而是一系列的四份文件，文件名称分别为：《公司人才梯队优才库管理办法》《优才库人才培育与考评管理办法》《优才库人才基金与补贴管理制度》《公司员工功勋获取与运用管理制度》。第一份是主流程文件，后面三份是辅助支持文件，正好符合"一个好汉三个帮"的传统。

受总裁委托，我再一次拜访各事业群和职能模块副总裁，进行一对一的面对面沟通，并向各位大佬二次强调：今年开始，公司会推出优才库项目，后续所有管理干部晋升都需要增加一项必要条件，就是先进入优才库！

经历了两轮吹风、沟通和反馈，各模块副总裁们已经明确感受到总裁办的决心，知道这个项目是总裁亲自操刀、授权人资模块全盘推进且使命必达的重大战略项目，大势所趋、势不可挡！于是乎，反对的声音渐渐小了下去，建议和期待的声音渐渐多了起来。

幸好大家提出的大多数建议在项目组此前的讨论中都已考虑到了，所以我只需要对提出建议者说："您此前提出的建议非常有价值，经过项目组的慎重讨论，已经决定纳入/部分纳入优才库的更新方案中，感谢您对优才库项目贡献的金玉良言和大力支持！"由此，提建议者颇感骄傲，对优才库项目的认可度顿时从"别人家的娃"升华为"我们自己的项目"，毕竟咱也是建言献策、添砖加瓦、贡献了力量不是！不知不觉中，公司经营层已经达成了共识，就等着优才库第一波报名启动啦！

时近年底，当我将沟通收集的最新情况向总裁汇报后，总裁颇感欣慰。我乘势向总裁建议：“现在万事俱备，只欠东风！只等您一声令下，我们就正式吹响优才库第一期招生的号角！总裁，您下令吧，我们都准备好啦！”

总裁看了看我，又看了看静欣，张了张口，欲言又止，最后终于还是问了出来：“你们确定、真的、完全、都……准备好了吗？”

静欣毫不犹豫地点点头，说：“我已经准备了好久，整装待发、全力以赴！”

我想了想，遇事愈急愈宜缓，还是要正面回应总裁的担忧才是，于是缓缓说道：“总裁，时至今日，我们准备了很多，也调研、聆听了各级管理层的很多声音，虽然可能还是没准备得万分周全，但我相信80分的水平是有的，后续在试点运作过程中，我们也可以边做边改边完善。就算有新的问题出现，我坚信，在您的指导和支持下，我们一定可以逢山开路、遇水搭桥、化险为夷！特别要说的是，现在马上就到年底了，各单位都准备提报年度干部晋升名单，俗话说'巧而迟不如拙而速'，这是推出优才库项目的最好时机！所以，强烈建议您批准我们——立刻行动起来！"

总裁意动，却仍然有些不放心，问道：“启动报名之后，如果没有人报名怎么办？或者该报名的没报名怎么办？”

我一愣，这也是一个问题？可是仔细一想，这确实是一个问题，而且还是一个很严重的问题：如果我们这边大张旗鼓地宣传了起来，结果大家都不报名，这不成了"剃头担子——一头热"吗？

我一方面钦佩总裁的高瞻远瞩和细致入微的思考力，一方面也快速给出了我的应对建议：“从当前与各模块副总裁沟通的情况来看，大家普遍比较支持，有的副总裁甚至已经急不可待地要提供推荐名单给我了。从这方面来看，我对有人报名这个事情还是有一定信心的。不过，总裁您的考虑非常深入、未雨绸缪，我们确实需要更进一步做好预案，

防患于未然。对于这个问题,我的初步建议是,项目组可以从以下三个方面来应对:

"自上而下,总裁您在和各模块做年度战略和组织调整专项面谈时,请重点说一说优才库项目申报启动事项,告知大家重点人才梯队人选务必报名优才库;最好年前能先以总裁办名义发布专项红头文件,让所有人都更切实地感知到,也让我们有法可依!

"自中间而上下,优才库项目的四份文件修正稿已经完成了,待正式签批后,我就组织正式的宣讲培训,给所有的副总裁、总经理、总监和秘书文员进行专场宣讲,让大家清楚了解优才库项目的具体内容,特别是报名的流程、未来的晋升必由之路等。

"自下而上,我安排干部管理和绩效管理部门人员组织经理级、主管级干部的专场座谈会,先和他们聊聊对干部晋升和绩效考核的认知,谈的过程中也就优才库项目运作方向和他们提前吹吹风,以获取更广泛的群众基础。特别是在下周的新干班座谈会上,我也会讲一讲,提前造造势。

"另外,项目组同步启动了手机报名系统的开发,就放在 AIMS(移动智能社交互动平台)中,预计还有一周就可以上线使用了,这样更便利大家报名操作:不用中间商,直接一点通。"

见总裁点了点头,趁热打铁,我又加了一剂猛药:"我们的人才推荐来源共有五个方面,除了自荐外,还有经营单位举荐,也就是上级领导举荐;技术、项目等职能单位举荐,也就是行业协会举荐;考虑到初期可能会有遗漏,所以我们额外增加了人力资源模型筛选,就是根据报名汇总名单有针对性地查看有无沧海遗珠;最后,因为总裁办经常有新的特殊项目,为了便利这些保密人才的特别纳入,我们增加了第五个渠道——总裁办举荐。有了这些渠道保障,我们就可以最大程度地减少该报名的人才没有报名的情况出现。"

听到这里,总裁终于放下心来,大手一挥,豪气十足地下令道:

"爱国,那还等什么,立刻行动起来!"

"Yes,sir!"我和静欣大喜过望,齐齐站了起来,大声答应道。

12月初,历经四个月的筹划准备之后,格新美公司第一期优才库项目正式启动,优才库项目组三管齐下,从三大渠道同时发布了公司优才举荐的通告:

(1)公司新闻电脑平台公告:发布《关于第一期优才候选人举荐的通知》红头文件。

(2)公司微信公众号:在线发布《关于第一期优才候选人举荐的通知》喜讯及链接。

(3)项目组专项邮件发布:通知公司所有管理人员。

第一期优才举荐有效期为三天(12月5—7日)。

公告刻意安排在12月4日晚上发出;第二天开始,公司内部风起云涌,短短三天工夫,优才报名人数突破260人,其中T2超过140人,T3报名也超过120人,成功打响了优才库项目变革运作的第一枪!

02　报名太多咋弄

子曰：过犹不及！

在发布报名通知之前，项目组担心没人报名，于是不遗余力地展开全方位的宣传和造势，结果用力过猛了，报名统计数据一出来，我们就发现报名人数大大超出了预期，新的难题出现了！

记得早在两周前的三人项目会议中，总裁就提出了一个问题："优才库每个班招收多少人员比较合理，报名之后的录取率多少比较合适？"当时我们还仔细测算了一下，结果发现没有非常准确而有把握的定义标准。

几经讨论，最后给出了一个指导范围，包括三点内容：

每次招收两个优才班，即一个 T2 班，对应 B2 级副经理级别及以上人员；一个 T3 班，对应 B2 级副经理以下人员。

每个班的人数原则上最少不低于 20 人、最多不超过 60 人（或不超过进入初筛人数的 60%）。

满足基本条件的报名人员，只有初筛星级评价得分达到前 60% 时，方可纳入优才库培育班。

按照第一期的报名名单，整体报名人数突破 260 人，其中 T2 超过 140 人，T3 报名也超过 120 人，就算按前 60% 去计算，每个班都要超过 70 人，这么大的规模，是我们万万没有预料到的！

人资模块内部的专项小组召开周例会，看着这一组报名数据，大家都傻眼了，颇有些幸福来得太突然的感觉，突如其来地被巨大的幸福大饼砸在脑袋上，嗡嗡直响，脑袋里回响着一个声音："怎么办？"

没有提前做特别的预案，这一次，真的只能靠"边做边改边完善"了。

在人资模块内部项目周会上，负责报名数据统计工作的黎主管率先汇报:"鲁总,这只是目前汇总到的,还有部分模块负责人申请增加人员,人资模块比对推荐也还未进行,总裁办举荐特殊渠道也尚未纳入。这一次大家的热情特别高涨,这两天时不时还有人问我:因为不小心错过了报名,还能不能再追加自荐?您看该怎么回复?"

我擦了擦额头的汗珠,环视小组的其他四位成员,发现大家都是很兴奋的模样,忍不住叹了口气:"过犹不及啊,同志们。不要太高兴了,给我们的挑战才刚刚开始。韦经理,你觉得我们第一期能招收多少人开班啊?"

负责培训部工作的韦经理扶了扶眼镜,认真计算了一下,抬头看着我说:"一个班肯定不能超过 60 个人,不然就太吃力了。"

黎主管大为吃惊,失声叫道:"这不行啊!如果这样,要筛选出去的人可就超过 50% 了。我们要不要第一次就这么严格啊?"

负责干部管理工作的路经理也发表了自己的观点:"我同意韦经理的观点,人数不能太多,不然就泛滥了;不过黎主管讲的也有道理,筛选太严苛,可能会对后面产生不好的影响。"

静欣也点头表示同意。一时之间,大家都安静下来,看着我。这个时刻,作为项目负责人,我当仁不让地要给大家定一个基调。

我深吸了一口气,先回应黎主管开始提出的问题:"目前,对于没有报上名的个人,一律不接受后补报名。没有规矩不成方圆,国家公务员报名也是逾期不候的。"黎主管点头,记录下来。

"好的开始是成功的一半。如何才能做到好的开始,对我们而言,就是要落实政府法治理念的四句话:有法可依,有法必依,执法必严,违法必究。所以,我们项目组一定要尽快将文件签批完成,实现有法可依。这一项,请韦经理跟进落地。同时,目前的报名人员基本条件确认方面,一定要和我们向总裁确认过的条件保持一致,做到有法必依。这一项,请黎主管和静欣务必落实 1+1 复核,确保数据准确无误。"

韦经理、黎主管分别点头表示明白,静欣犹豫了一下,举起手问道:"我可不可以提一个问题?"我微微颔首,对她说道:"静欣,项目组内不用太拘束,大家有任何问题和建议都可随时提出。记住,我们是一个团队,每个人都是非常重要的一员,对任何风险和疑难都要群策群力、共同解决。每一个成员都要对各个环节非常清晰,如果遇到不懂或不清晰的地方,请务必随时提出来!"

静欣听后,脸上露出了笑容,接着说道:"鲁总,我想和大家再确认一下优才库报名人员的基本条件。按上次与总裁开会确认的三个维度,就是:第一项,年龄,T2优才年龄不超过38岁,T3优才年龄不超过33岁;第二项,学历,都要求是大专或以上学历,不接受高中、初中及以下学历;第三项,任职年限,要求当前岗位任职年限超过半年,新人入职半年以上。是按照这三个基本条件进行符合性确认吗?"

我没有直接回答,看向黎主管,问道:"黎主管,对于静欣所说的,你有什么补充吗?"黎主管想了想,说道:"目前如果按照这些条件严格要求的话,完全符合条件的应该不足20%。""那你的意见呢?"黎主管沉思了片刻,给出了自己的建议:"我的建议是,先严格按照这三个维度的要求,筛选出完全符合条件的,用绿色标示;然后对于年龄超标三岁以内或学历为高中、中专但其他条件达标的人员,用黄色标示,到时候给您进行确认;其他的则用红色标示,严格把关,执法必严,坚决不纳入。"

我转过头,再次询问韦经理和路经理的意见。韦经理表示完全认可黎主管的观点;路经理犹豫了一下,建议可先这样执行,更新统计数据后再看,避免矫枉过正。

听完了大家的意见,我轻轻咳嗽一声,再次扫视了项目组的所有成员,说道:"静欣的这个提问,提得很好,我们现在就是要利用这种群体讨论方式,发扬群策群力的精神。让我们给静欣热烈的掌声。"在大家鼓掌之后,我继续说道:"黎主管的建议也很中肯,现在我们的项目是摸着石头过河,太严苛了就容易水至清则无鱼,但是如果没有原则和刚性，又很容易遭人诟病，毕竟在公司内部是没有秘密的，大家都是不患贫而患不均，强调的是公平性。所以，我认同按照黎主管的建议先统计一版数据，并且，一定要将这个过渡性的规则明确记录在我们的会议记录中，以备后查，确保落实时有据可依、违法必究。让我们也给黎主管热烈的掌声吧！"大家也纷纷为黎主管鼓掌。

"另外，按照静欣和黎主管所说的三个维度进行基本条件确认后，项目组接下来要做哪些事情呢？"

路经理主动介绍道："按照流程，完成基本条件确认后，接下来有三项工作要分段展开：第一项就是由黎主管进行入围人员的数据初筛，从学历、年龄、拼搏指数、绩效得分、素质评价等五大维度展开星级评价；第二项就是由干部管理部组织开展入围人员的360°评价，我会邀请他们的上级、下级、同事和内部客户到电教室，通过电脑在评价系统中对他们的日常表现进行评价打分；第三项工作，就是韦经理要邀请领导对入围人员进行面试，也就是专家面谈，给出价值观方面的评价，最终纳入星级评价得分。估计这三项工作全部完成，需要两到三个月。"

"三个月的时间太久了，现在已经是12月中旬，我的目标是在春节前完成初筛和第一批优才库培育名单的公布，在3月正式举行开班仪式。按照这个目标，你们觉得有哪些需要共同解决的困难？"

韦经理快速翻阅了日历："明年春节是1月25日，距离现在只有40天了，再加上公司惯例会提前一周放假，我们实际上只有不到五周的时间，确实有些赶啊！"

大家一时陷入了沉默。

我拿起白板笔，在会议室的白板上画了一道长长的横线，在横线的末端写上一个日期——3月20日，在日期上面写下了我们的目标——举行第一期优才库培育班开班仪式。

然后，我非常严肃地对大家说道："这个第一炮，我们一定要打响！如果我们的目标是明年3月20日举行开班仪式，以这个时间节点倒推，大家看看每周需要做哪些事情。我知道这不容易，但我们一定要做到，而且一定可以做到。韦经理，你来带着大家一起脑力激荡，列出每周的安排，注意要有并行作业。我先去上个洗手间。"……

十分钟后，优才库项目第一期开营子项目的 Milestone（里程碑计划）已经讨论完毕，跃然于白板之上：项目组每个成员的工作清晰可见、井然有序。

一周后，优才库报名人员的基本条件符合性和第一项初筛的初步结果出来了，经过权衡和微调，合计 157 人进入专家面试环节。

在春节放假前，所有初筛环节结束，共有 106 人成功进入第一期优才库培育班，其中 T2 优才班 55 人，T3 优才班 51 人。

团结就是力量，团队的力量可以无穷大，前提是信任无间与和谐共进！

03　初筛就玩心跳

第一期优才库培育名单公布以后，很多人明里暗里询问："为什么我报名成功了，初筛后却显示我被刷下来了？到底我是哪一个环节或条件得分不高呢？是面试不合格吗？还是……"

超过260位报名人员，最终只有106位成功入围，占比仅为40%，通过率确实不算高。

"你们的筛选过程经得起大家的挑战吗？"总裁估计也收到了很多副总裁对此事的反馈及质疑，忍不住在项目例会中提出了这个问题。

"我们的基本宗旨就是法治精神：有法可依、有法必依、执法必严、违法必究！"我和静欣相视一笑，因为这个问题我们人资模块专项小组已经内部预先讨论过，"初筛的整个过程已经是公开透明的，不过过程的设计确实是用了些小心思，给大家玩的就是心跳。"

"哦，玩的就是心跳？这个有点意思，你们和我讲讲大概的设计吧！"总裁饶有兴趣地坐了下来，顺手把白板笔递给我。

我在TV-touch上写下两个大大的词——"举荐、初筛"，在"举荐"下面写下了举荐的五个渠道——自荐、上级领导推荐、其他领导推荐、人资模块对比推荐、总裁办特殊推荐，然后展开了第一步的说明：

"总裁，整个过程一波三折，确实会给报名者乃至他们的上级领导带来很多心跳的反转过程，这实际上也是我们所期望看见的。我们主要有五层的心跳设计，对应的是不同的人群，给他们带来的心跳感受也不同：有的是紧张，有的是失望，有的是惊喜，有的是提心吊胆，有的则是如释重负，还有的是一惊一乍。第一层心跳设计是在举荐人群方面，因为很多人会羞于自荐，但内心又极为期待领导推荐，而每个领导的推荐名额其实是有限制的。我们对举荐名额的大致规则设计如下：

"经理级以下人员只允许自荐；

"经理级人员允许自荐和推荐他人，总名额为 2 人；

"总监级及以上人员允许自荐和推荐他人，总名额为 3 人。

"在这个规则之下，但凡能得到他人推荐的人，其实都会有一种心跳的感受——因为领导认可；而心里期待领导推荐但没有得到推荐的部分人，可能心里会若有所失地难受，这种难受有机会传递给他的上级领导，如果其本人足够优秀的话。不过，因为人资模块有对比后的拾遗推荐，加上总裁办的特殊举荐，所以有小部分人会很惊讶地看到自己被后补推荐了，这一种心跳是失望之后的突然惊喜。这种惊喜也是具有传递性的，因为他们不知道是人资还是总裁办特别推荐的，在系统中只看得见备注为领导举荐，所以他们会下意识地认为是直属领导认可自己，从而对领导心怀感激，而这种感激和善意一定会体现在工作之中及其与其领导的日常交流之中，最终让其领导也形成一种增量认可，因为下属对自己的感激和感恩而更加认可该下属（领导心里也更愿意认为自己推荐了他，或是后续有机会时就更愿意推荐他）。"

我稍微停顿了一下，因为担心自己讲得有些绕口和生涩，会导致总裁听不明白，所以就问道："总裁，对于这第一层心跳设计，您觉得有没有需要补充完善的？"

总裁摇摇头："这些设计有些啰唆和繁琐，不过整体来说，对公司内部团结协作应该会有帮助。后续注意做好信息的分层传递，让每个人在系统中看到他应该看到的信息。"

"好的，明白！"我看着静欣及时记录了总裁的指示要求，便拿起白板笔，在"初筛"之下写下了"举荐人员的基本资格"几个大字，继续讲解第二层设计：

"举荐人员的基本资格，主要就是年龄、学历和任职年限。这三项设计，会给很多人带来第二次心跳加速和第三次心跳后的狠下决心。第二次心跳加速主要是年龄方面的规定，我们要求高级经理要 40 岁以下，见习副经理要 35 岁以下，而优才库报名人员在这个年龄线基础上还要减少两岁，因为他们要经历优才培育毕业可能需要的半年到两年时间，于是，38 岁、33 岁这两个年龄条件就挡下了超过半数的报名人员，而这一项的设计目标就是您一直提到的干部年轻化。此前我们就在提倡干部年轻化，却一直没有抓手，这一次终于有了落地的抓手。很多报名人员得知有年龄限制后都大为失望，不少副总裁也都找我诉说，看能不能放宽标准，估计您这边也听到了不少这样的声音。"

总裁点了点头："是啊，在我们这种有三十年历史的企业，年龄的要求确实是一道难题。一大半副总裁都和我提到过这个问题，说人资模块不顾现状，不了解各单位具体情况，拍脑袋乱定标准，搞得下面干了很多年的核心骨干都人心惶惶，觉得未来没有晋升希望。你看看，这些都是你惹出来的锅，让我给你背了，你可得好好感谢我啊！"

"谢谢总裁帮忙化解。"我合掌向总裁鞠了一躬，心里想着：这还不是按照您的要求做的事情嘛，结果锅是我的，好人您来做了。不过，这也正是这个项目最初研讨立项时明确下来的分工定位。

"后续有些确实能干、肯干的干部，年龄方面可以考虑适度放宽。"总裁对该项问题做出指示，静欣连忙把这一点记录到会议决议中，以作备案。

"明白，建议年龄可以适度放宽 2—3 岁，特别优秀的可另案申请处理。"我补充了细则描述，看着总裁点头表示认可，接着往下说道：

"这样一来，年龄略为偏大的人员就会有失落后失而复得的惊喜。这正是第二层的心跳设计。而关于第三次心跳后的狠下决心，这项设计需要总裁您的大力支持才有机会真正实现。"

总裁笑道："是不是学历方面的严格要求，副总裁们又有不同意见？"

"总裁英明！学历的要求，我们给的基本线是大专，但是目前很多经理、车间主任都只有高中或中专学历，甚至还有一些是初中及以下学历。像注塑、五金、模具这些单位负责人来找我们很多次，我们已经让步，他们还要求再放宽，已经退无可退啦！"

总裁问道："你们目前让步到了哪个程度？"

我看了看静欣，静欣领悟到我让她发言的意思，于是开口回答："总裁，目前我们已经放宽到高中/中专学历，不过对于中专学历的人员，要求他们提供报读成人大专的报名记录。"

"那就这么定了，如果他们都不愿意学习，那就不是公司未来所需要的优才干部。"

"好的总裁！"静欣一边回复，一边敲着键盘，快速将总裁的决定记入会议决议。

"有了您的大力支持，我相信后续越来越多的低学历干部会狠下决心去报考大专及以上学历，这样就有机会实现您此前对华工商学院李院长所说的、您对公司干部的两大期望之一：持续学习力。"

"是的，这不是一件容易的事情。爱国，待会儿我还有客户会议，你抓紧说说后面两项设计。"

我一听，立刻加快语速讲解道："另外两项心跳设计都在初筛基本条件之后的进一步筛选维度之中。刚才所说基本条件符合性中的第三个维度是任职年限，原则上以一年为期，实际上特别人员可以放宽到半年，包括总裁办特殊引入人才，入职半年后即可报名。"

见总裁没有表示反对，我继续快速陈述：

"下一步的筛选主要有四大维度，分别是拼搏指数、上年度绩效、管理素质测评和专家面谈。其中，拼搏指数主要看的是其上一年度的拼搏程度（上班早来、下班晚走、调休未调），拼搏指数达到当期所有报名者的前50%即可入围；上年度绩效主要比较大家的绩效数据（前12个月），能达到同模块内排名前60%、主管级绩效系数为0.9以上的即可入围；管理素质测评主要衡量报名者的管理素质符合度，管理素质测评达到星级评价的前60%或吻合度在70%以上的可以入围。"

总裁突然站了起来，指了指我所写的"管理素质测评"，大声问道："这一项测评，我们是怎么执行的？目前我们人资模块已经有能力做到素质测评这么高难度的人资专业工作了吗？"

真是天威莫测啊，一时之间我拿不准总裁这句话中的含义，是夸还是贬呢？我看了看静欣，示意她先做回答，因为素质测评的项目主要是她在推进的。

面对总裁的大声质问，静欣明显有些胆怯，过了好一会儿才勉强开口："总……总裁，我们在前年已经启动人资素质测评这个项目了，目前对管理素质测评，主要是依据鲁总提炼总结出来的六……六项素质展开，这六项素质分别是价值观吻合、自我驱动、承担责任、遵守诺言、充满激情……还有一项是，好像是……对了，是支持与服务。这六项素质，此前讨论党校课程的时候，也和您确认过……"

总裁似乎想起来有这么一回事，语气也柔和许多，笑着说道："不用紧张，静欣。我问的是这些素质测评，我们是怎么具体进行的？"

总裁的话语似乎有一股神奇的力量，瞬间静欣就没那么紧张了，声音平稳地继续回答道："因为三年前我们就开始研究，对比复制行业的成功经验，设计完成公司自己的胜任力素质辞典，也完成了79项胜任力素质的题库开发，所以目前对于这六项素质的测评，我们已经可以通过在AIMS（移动智能社交互动平台）系统中做题自动生成测评报告。"

总裁的眼神明显变亮了，为了避免他有太高的期望，我赶紧补充道："总裁，目前这些题库的准确度我们还在评估中，所以这一项管理素质测评的主要目的就是给大家一个仪式感，让大家感受到公司人资数字化的进步，同时也激发他们的好奇心，让他们体会到第四层的心跳感受：原来公司已经这么牛了，那么我还要更加努力提升自己才行！"

总裁点头不语，看了看手机。我知道可能是客户到了，于是抓紧时间说出最后的第五层设计："最后一个筛选维度，就是专家面谈。我们会邀请一位模块副总裁，加上人资模块负责人、公司学院副院长，三位专家多对一进行面谈，对每一位基本条件符合的报名者进行约十分钟的面试，主要目的是评核其对公司的价值观认可度。这一项是最大的心跳设计，因为很多报名者从毕业就加入公司，十多年来从没有经历过这一类的面试。这一次的体验，绝对会让很多人事前和事后都彻夜难眠……"

这时，总裁接了一个电话，然后跟我们说："客户到了，我要赶过去开会了。今天的内容我基本都认可，你们按照这个方向坚持去做，有任何困难及时告诉我。"

我和静欣并排站在总裁前面，齐齐点头。在总裁离开办公室前，我最后补充说道："总裁，优才库有一个360°评价，可能会在公司一石激起千层浪，下次会议时再向您汇报。"

总裁挥了挥手，快步走出办公室……

04 "平静"的360°评价

"360°评价工作进展怎么样？我们的具体操作规则是怎样的？"

因为公司内部关于优才库360°评价的各种声音已经传得沸沸扬扬，如同平静的水面掀起巨浪，所以在人资模块专项小组周会刚开始时，我就提出这个问题。

负责干部管理的路经理胸有成竹，自信满满地回答道："目前的整体工作井然有序，我们已经完成了90%的优才库人员的360°评价，剩下的估计本周内可以完成。我们现在的测评来自七个人，包括两名平级同事、三名直接下属和一名内部客户，以及一个自评，按照评价表进行现场评价，汇总平均分超过70分即为合格。"

"原来不是要求采用3-3-3-1-1模式吗？为啥减配了？"我诧异地问道。

"是这样的，鲁总，原来确定的标准是3名同事、3名下属、3名内部客户、1位直属上级和1个自评，这个模式设计得是很完美，不过我们在实际操作过程中发现存在较大的难度，主要的挑战来自两个方面：第一个是内部客户很难确定，就算我们询问优才库当事人自己，他们也很难提供明确的内部客户名单，至于下属和有交集的平级同事的信息倒是可以从人事系统中获得；第二个挑战是上级领导，因为优才库人员本身已经是管理者，他们的上级领导很多都是高阶管理者，他们很难有时间，更别提邀请他们到会议室做360°测评了，通常回复都是没时间、在开会或出差。这两大问题是现在遇到的实际难题、燃眉之急，希望在这次会议中您给我们一个方向指引。"

"辛苦你们了，360°评价确实不是一项简单的工作，太较真就容易劳民伤财、激发民怨，稍马虎又很容易沦为形式、徒有虚名，具体尺度需要你们在实操过程中用心把握和及时调整。以终为始，记住我们的目的即可。静欣,你认为我们做360°评价的目的是什么?"我终于学会了运用孔子的教学方式,"空空如也,我叩其两端而竭焉",对于自己不太明白的细节问题,更多从正反两面提问来引发提问者自己的思考和领悟;这时我才发现,原来总裁早就是这样引导我的。

静欣早有准备,没有丝毫犹豫,快速给出了自己的见解:"360°评价是一种多元化的评估方法,具有全面性、客观性、匿名性等特点,通常用于员工绩效评估和改善方面,不过由于存在耗时耗力、标准不一、比较困难等缺点,在企业中使用的实效性一直都提不上来。我认为,对优才库人员采用360°评价,是有其价值的。我个人初步想到的我们做360°评价的目的有四个:第一,促进优才库人员个人发展;第二,增强团队建设与协作,有利于提升组织绩效;第三,推进领导者的领导力发展,有利于优化管理决策水平;第四,通过参与360°评价过程,让员工感受到组织对他们的重视和关注,进而增强员工满意度与忠诚度,夯实、发扬公司公平公正的信任文化。"

这么完整系统的见解,让我对静欣的认知评价上了一个新的台阶。职场中很多时候就是这样,在不经意间爆出闪光点,在不自觉中就收获了领导的意外认可和加分。在毛遂自荐的故事中,毛遂对平原君说:"那是因为您之前没有把我放进袋子里,如果有的话,我的锋芒早就露出来了。"是的,锥入袋中、锋芒立现,但是若无发挥平台、没有入袋,就连展露才华的机会都没有,更不用指望进一步磨砺提升自己。

"静欣的分析,让我有一种'士别三日,当刮目相看'的感觉,讲得非常深刻,让我们给她热烈的掌声吧!"我的提议刚说出口,项目组成员掌声雷动。负责培训的韦经理接着主动发言:"结合静欣所说,对于路经理刚才提出的问题,我有两个建议:对于内部客户的选取确认,我们可以双管齐下,一方面继续请优才库当事人自己提出三个内部客户人名,另一方面可以通过业务流程文件,确认各部门工作的下一环节,通常下个流程环节的负责部门就是我们的内部客户。"我向韦经理竖起了大拇指，路经理也连连点头，将这个建议记录在笔记本上。

韦经理继续说道："对于上级领导的评价，我觉得我们还是要面对面找他们进行一对一讲解，然后请他们当面填写评价表给我们……"

黎主管突然插入发言，阐述不同的观点："可是这样一来工作量就剧增了，106个优才库培育人员，就算有些人是同一个上级领导，保守估计上级领导也超过90名，如果都要鲁总去逐一拜访的话，那时间可长哩！一个人聊半小时，90个人估计得花费完整的两周时间才行。我觉得这方法不现实。"

"我也觉得不现实。"我轻轻摇了摇头，说出了我的看法，"我很认同韦经理的观点，如路经理所说，上级领导很难约到会议室参加群体360°评价，因为他们会觉得尊重度不够、没有价值、划不来，所以我们要取得他们对其下属优才库人员的评价，就必须主动去拜访他们，最好就是一对一地邀约和讲解。现在我们的优才库项目刚刚启动，很多总经理、总监都不清楚具体细节，借助这次单独拜访的机会，刚好可以向他们介绍优才库项目的大致内容，然后请他们给些建议，顺带评价他们的下属，这样，就可以最大程度地取得更多管理层的理解和支持，打造项目'得道者多助'的有利局面。韦经理的这个建议很好，大家给些掌声感谢她！"

端起茶杯喝了一口水之后，我继续说道："不过，我也认可黎主管刚刚说的，如果让我一个人花两周的时间去逐一拜访90个上级领导，这根本就不现实，主要是我的时间现在也是捉襟见肘，抽不出这么多来。对此，你们有什么好的建议吗？"

路经理看到两个难题都有了可行的改善方案，也高兴起来，听到我的询问，连忙抢答："我觉得我们可以在项目组内部分工合作，我和韦经理、黎主管分别拜访一些上级领导，这样每个人花费的时间就没那么多，进展也会比较快。"

韦经理点头道："是的，我也同意。现在静欣就可以打开优才库第一期人员清单，我们现场明确他们的上级领导，然后现场分工，大家各自认领。"

  说干就干。走出实验室，没有高科技，拼的就是高效执行力。十分钟之后，在我接完一个电话回到会议现场时，大家已经认领完毕。韦经理认领了 40% 的上级领导，路经理认领了 30%，黎主管认领 20%，还剩下 10%，韦经理建议："鲁总，剩下这 10% 都是总裁和副总裁，我们三个和他们的级别相差太远，您看由您去和他们当面讲解确认，行吗？"我想想也对，便答应了下来。

  越来越善于提问的静欣，适时提出了新问题："大家去找各位领导沟通，是不是需要统一沟通内容，明确标准的格式？"又是一个好提议。经过一番讨论，我们统一了话术，并确定了需要请上级领导现场填写的测评表样式（如表 3-1 所示）。

表 3-1　优才库上级领导评价表

候选优才素质能力改进分析调查（T3 级）

说明：为了更全面、更客观地对候选优才的能力缺项进行分析，以便在优才培育工作中进行有针对性的改进，展开此次调查。此次调查纯粹是为了分析您下属的能力缺项，不作为晋升等其他用途，同时您填写的内容我们会严格保密。

1. 您的下属_____若要晋升时，以下十二项素质中，您认为哪三项最需要改进？请勾选。

（关于每项素质的定义，请参考附件）

☐A1：价值观吻合　☐A2：自我驱动　☐A3：承担责任
☐A4：遵守诺言　☐A5：充满激情　☐A6：支持与服务
☐A7：理解记录能力　☐A8：沟通表达能力
☐A9：改善工具应用能力　☐A10：计划构思能力
☐A11：高效执行能力　☐A12：跟进反馈能力

2. 当其晋升至上一级时，除了以上 12 项之外，还有哪些能力您希望其进一步提升？

B1：_____ B2：_____ B3：_____

3. 针对以上提出的六项待提升素质/能力，若以 5 星为最优，您对其当前的评价为几星？

A 类：

1. _____

评星：□1 星（很差）；□2 星（较差）；□3 星（一般）；□4 星（良好）；□5 星（优秀）

2. _____

评星：□1 星（很差）；□2 星（较差）；□3 星（一般）；□4 星（良好）；□5 星（优秀）

3. _____

评星：□1 星（很差）；□2 星（较差）；□3 星（一般）；□4 星（良好）；□5 星（优秀）

B 类：

1. _____

评星：□1 星（很差）；□2 星（较差）；□3 星（一般）；□4 星（良好）；□5 星（优秀）

2. _____

评星：□1 星（很差）；□2 星（较差）；□3 星（一般）；□4 星（良好）；□5 星（优秀）

3. _____

评星：□1 星（很差）；□2 星（较差）；□3 星（一般）；□4 星（良好）；□5 星（优秀）

签名：_____

同时，为了让各位上级领导更好地理解各项素质内涵，以利更客观地评价，项目组还增加了优才素质能力的定义说明页（如表3-2所示）。

表3-2 附件：优才素质能力定义说明

——感谢您对公司优才库项目和您下属成长的支持——

A1. **价值观吻合**：个人的价值观与组织的价值观一致，与组织保持相同的发展方向（品质/创新/成长/共享）。

A2. **自我驱动**：抱有必赢的决心和信心，专注于自身的持续提升，对于每一个目标，都充满了超越的信念。

A3. **承担责任**：能够认识到自己的工作在组织中的重要性，把实现组织的目标当成自己的目标，并愿意承担相关的责任，热爱自己的工作，乐于奉献。

A4. **遵守诺言**：对自己的言语负责，一旦做出承诺，就会付出实际行动来兑现。

A5. **充满激情**：激发、引导、维持自己和他人的工作热情，鼓励自己和他人积极主动地工作，保持高昂士气。

A6. **支持与服务**：能够根据组织业务运作情况，努力为其他部门提供支持，并将团队建设成为其他部门的支持后盾。

A7. **理解记录能力**：对事物和知识能够轻易地建立系统化和具体化的认识并以特定的方式记录下来，使得知识可以融会贯通和广泛地迁移。

A8. **沟通表达能力**：通过语言、表情、肢体动作等方式通俗流畅地表达自己的意见、看法或见解的能力。

> **A9. 改善工具应用能力**：清楚了解工作中存在的不足和有利条件，不断学习借鉴新的改善工具方法来提高改善工具方法应用能力，实现成果的持续改进。
>
> **A10. 计划构思能力**：能够准确地理解上级的思路或组织的整体战略规划，并以此为依据形成工作目标，制定具体的、可操作的行动方案。
>
> **A11. 高效执行能力**：工作中能够迅速理解上级意图，按照要求快速高效地完成任务。
>
> **A12. 跟进反馈能力**：注意对工作进行严密的跟踪，经常听取他人的信息反馈，同时也及时将获得的信息向上级汇报。

讨论起来时间过得飞快，一晃就是两个多小时，午餐都快错过了。我赶紧结合大家讨论的内容，做了一个总结发言："360°评价，是项'一石激起千层浪'的工作。过去十年，公司都没有大规模举行过；现在，我们优才库项目将这面大旗重新举起，请项目组各位成员务必认真对待。我们要让每一个参与360°评价和被评价的员工、管理者，都能感受到公司对人才的重视，对未来发展的看重和信心！特别是对于优才库候选优才本人，在进入培育库前有360°评价，评价报告要在开始培训的第一个月内，由他们的导师/师傅交给他们本人并当面讲解，同时告诉他们，在他们成功毕业、进入优才库后，三个月内还会有一个类似的360°评价反馈给他们及他们的上级领导。

"最后，希望在未来一周内，通过你们和每一位上级领导的一对一沟通，实现一举三得：不仅拿到上级领导对候选优才的评价表，还要让上级领导知道优才库的使命和目标，更要潜移默化地让这些领导者接受360°评价、理解素质能力测评、具备人才评价维度的认知。拜托大家！现在，你们抓紧时间去吃午餐！"

大家齐声答应后，急匆匆冲去打卡、奔赴饭堂！

05　以业绩论英雄

　　春秋时期，楚国的习俗是爱乘坐比较低矮的车。楚王认为车太矮不利于驾马，于是准备下令让有车的人都把车改得高大一些。孙叔敖听了，劝说楚王："这些风俗习惯方面的事情，如果依靠强制性的命令来改变，恐怕会引起百姓的反感，到时候反倒效果不好。如果您一定想改的话，我请求让乡里人家加高门槛。乘车的人都是有身份的，他们不能因为过门槛而频繁下车，到时候就不得不加高车子了。"楚王按照孙叔敖的方法去做，不到半年，果然楚国的车子都变得高大起来。

格新美是一家有着深厚文化底蕴的公司，在公司文化手册的第一页，就记录着公司创始人、董事长对公司的文化提炼："以品质为核心，以业绩论英雄！"而上述故事所反映的思维——通过潜移默化的方式贯彻领导的文化要求，正是人资模块的重要使命之一。

"上有所好，下必甚焉。"作为优才库项目落地过程中的重要一环，项目组在初筛过程中首先确定的，就是将"以业绩论英雄"这一文化思想纳进来，作为占初筛25%权重的评价维度，具体的体现就是个人既往十二个月的绩效数据得分（如表3-3所示）。

表 3-3　优才初筛之绩效数据统计表

4. 绩效排名与得分									
绩效得分（前十二个月）	绩效系数（前十二个月）	本模块参与排名人数	本模块绩效排名	本模块绩效排名占比	科长/非管理干部绩效系数是否为0.9以上	科长/非管理干部排名	科长/非管理干部排名占比	评星	权重得星(25%)	是否符合绩效条件

实际上，对于基本条件满足、入围第二环节的候选优才，初筛的六大维度及权重设计是一个非常神秘的黑匣子，大多数人都只知其然，不知其所以然。不过，这也是人之常情，正如孔子曾经说过的："民可使由之，不可使知之。"组织内，大多数成员在大多数时候并不关心公司政策是如何设计的，只关心涉及自己的部分是否公平、公正，是否一视同仁，自己是否受到尊重。

这是一件很奇怪却又很自然的事情，为什么会这样呢？原因大致有两个：一方面，各人专业领域和学历程度不同，政策发布方若要让每一个人都弄明白政策条款的前因后果，实在是劳民伤财且见效甚微的事情；另一方面，企业不养闲人，各位候选优才都在举足轻重的岗位上夜以继日地拼搏，实在无暇也无心了解与本职工作不直接相关的事情，哪怕它是一项与自己发展有关联的重大人才政策。

在撰写本书的过程中，我多次与专家、老师进行探讨，有一位我很钦佩的资深教授给出了非常中肯的建议："爱国，你的整个人才梯队项目非常饱和、深入且落地性很强，毕竟是一个已经完成且取得了卓越业绩的成功项目，这一点很好。我认为，如果你在撰写的时候能够增加一些理论阐述，进行提炼概括，让读者能够清晰地明白底层逻辑，对人资从业人员而言，效果就会更好！"

我非常认可他的建议，所以力争在书中各个章节描述设计的理论依据和背景，以飨人力资源专业读者，同时，非人力资源专业的读者也可开阔视野。

优才初筛的六大维度及其权重占比设计如下：

· 学历（15%）

· 年龄（10%）

· 拼搏指数（25%）

· 绩效（25%）

· 素质测评（15%）

· 专家面谈（10%）

之所以将拼搏指数和绩效同时设计为最高权重，是因为公司的企业精神就是"顽强拼搏、永不放弃"。越是精巧的政策设计，看上去越是平平无奇；只有这样，当用户体验时，方能如春风化雨般自然而然，在实践过程中悄无声息地强化组织希望个人具备的认知和努力方向。

为了让候选优才们体会到公平、公正的"以业绩论英雄"，在绩效排名和得分的数据统计过程中，项目组展开了不厌其细的层层分解式设计，大体分为五个步骤：

S1——收集数据：与各层管理干部的绩效考核部门沟通，收集过往十二个月的个人绩效排名与得分。

S2——数据清洗：针对收集到的各类绩效数据进行确认和异常数据修正，必要时对模糊或不完整的数据进行二次收集。对于收集到的绩效数据质量，采用4R原则进行衡量，即关联度（Relevancy）、范围（Range）、可信性（Reliability）、时效性（Recency）。

S3——数据分析：筛选出候选优才在各个模块的绩效数据，包括具体得分和排名数据，具体得分包括实际得分和绩效系数两个值，排名数据主要是指其在所属模块的绩效得分排名及同类考核的总人数，在此基础上计算个人的排名占比。

S4——数据核算：根据评星标准要求（1—5星各有不同标准），进行数据计算、分析和转换，最终核算得出该项星级评价得分。

S5——结果判定：根据计算得分，匹配绩效占比标准要求（同模块内排名前60%者方可纳入），给出最终结果判定（单项符合/不符合），对符合者给予权重赋分，纳入整体筛选数据。

经过以上五个步骤，第一期优才库的候选优才绩效得分终于出炉了。人资模块项目组也深刻体会到"不怕不识货，就怕货比货"这句话的内涵：

很多我们平时直观认为比较优秀的人才，在数据面前无所遁形，按业绩排名后落选；不少平时默默无闻、并不耀眼的干部，居然在筛选中脱颖而出，彰显出"以业绩论英雄"的效果。

"英雄不问出处"，"不管黑猫白猫，抓住老鼠就是好猫"。在项目组内部例会上，我盯着静欣和黎主管统计出来且经过"1＋1"复核后呈现的数据，眼睛一眨不眨地扫视着，头脑中惯性认知被颠覆的同时，心里禁不住浮现出上述两句名言。

黎主管在介绍汇总的业绩数据和前五项维度总分之后，问道："鲁总，您看这些数据还有什么需要确认的吗？如果按照五项维度得分计算，估计有不少高层领导认可的干部就会落选，进不到优才培育库。"

真是"哪壶不开提哪壶"，我暗自苦笑一声，还是不得不承认黎主管讲得直白：这是一个需要正视的问题！

静欣也补充道："现在有一个问题：有些能力很强、在原岗位业绩也很不错的人才，因为被领导委以重任，调岗到需要攻坚克难的新岗位上，导致新岗位初期绩效得分偏低，在初筛时排名靠后。这一类人才，如何评价？该不该破格让他们进来？"

是啊，"以业绩论英雄"是一个大纲领，绝对正确；而在实际操作中，到底是应该以长期业绩论英雄，还是以短期业绩论英雄呢？这又是一个需要斟酌的细节思考点。

韦经理发表了自己的观点："我觉得要坚持客观性，有法必依，一切以数据说话，才是我们项目的立足之本。"

路经理的观点更为圆滑："我同意韦经理的观点，要以数据说话。建议鲁总就按照这个数据提交给总裁，然后由总裁进行裁定。"

我笑骂了一句："这样太滑头了啊。完全规避风险，也就没有了担当。这样吧，韦经理和路经理抓紧将专家面谈安排落实，得出的星级评分也纳入进来。静欣将完整版的初筛排名整理后发给我和黎主管，黎主管筛选出你认为有争议的人才，用黄色标示出来给我，我思考区分后，再与总裁进行确认。"

"好的。"项目组各位成员纷纷应诺。

"以业绩论英雄！我一定要让这句话，在优才库项目运作的每一个环节，深深地刻印和展现出来！"在心中，我默默下定决心。

06　居然还要面试

"什么？居然还要面试？你们这是搞什么啊？我们只是在参加公司里面的培训课程而已，又不是换工作、换岗位，有必要吗？"听着电话那头传来的诧异的质问，韦经理对我露出了"就是如此"的表情，同时柔和地安抚着对方：

"马经理，再次恭喜您成功走到了这一步，这是优才库初筛的最后一个必经环节。我们邀请了两到三位公司高管，对您进行面对面的沟通，不算什么面试，只是面对面交流。您看您本周五下午两点到三点有时间吗？整个面谈过程大约十分钟！"……

人资模块项目组其他成员安静地听完韦经理邀约候选优才马经理参与专家面谈的全程通话，当听到马经理最后转怒为喜，答应出席周五下午面谈并对韦经理表示感谢的时候，大家不约而同地呼出了一口气。

放下电话，韦经理露出了一丝苦笑："鲁总，这个还算是通情达理的，我还遇到很多坚决拒绝、说没时间参加面试的人，也有不少人直接就开骂，说我们吃饱了没事干、撑得慌！"

路经理也表示深有同感："我和韦经理这些天分头邀请了不少人，大家都不太理解这个事情，特别是现在时近年底，赶出货，大家更是没时间；我去邀请高管当面试评委，也都说没时间。鲁总，这个专家面谈，是不是有必要啊？操作可不可以放宽一些？"

我看了看愁眉苦脸的路经理，问道："比如说？"

路经理回答："比如说，我们是不是可以少请高管评委，三个有点多，因为确实很难约；或者面谈方式改成上级领导评价打分，那样就快很多了。"

静欣积极举手发言，表达了不同的观点："路经理所提的是现状问题，而实际上专家面谈的意义大于实质，因为我们设计这个环节的主要目的有三个：第一，让公司高管参与进来，加大高层认可度；第二，找两到三名高管面试候选优才，有利于提升候选优才的受重视度和荣誉感，建立优才库项目的独特性优势；第三，专业评价候选者的价值观吻合度，推进公司文化价值观的传播和落地。所以我建议一定要完整保留这个环节，严格执法，不打折扣！"

"做项目和打仗一样，最忌讳的就是朝令夕改，特别是政策方向已经明确了的环节。正如韦经理刚才在电话里面所说的，专家面谈是优才库初筛的必经环节。这一点非常明确，大家就不要再在这里浪费时间了！"略做停顿之后，我继续说道："静欣的建议我很认同，我们现在要的不是面面俱到，不是每个人都理解和认可；毕竟这是一个从无到有的变革过程。我们要的是大家能从不理解到逐步理解，从勉强参与到主动参与乃至自发组织。路经理和韦经理在邀请候选优才时要特别注意这一点，用我们的耐心和坚定赢得大家的接受和认可！"

看到我定了基调，路经理快速调整想法，同时补充问道："现在确实有少部分人看到我们有这么多维度的评价，提出不参加第一期优才库培育，我们该怎么办？"

"韦经理的意见呢？"

韦经理一边思考着，一边回答道："我认为，按照此前项目会议的精神，我们宁缺毋滥，如果有自己提出不想参加的，可以不纳入第一期优才库；自己都不主动，我们何必给他主动创造发展机会？"

微微摇了摇头，我问道："现在有没有明确的名单，就是那些自己提出不愿意参加优才库的人员名单？"

路经理说有，然后打开统计表格，大致数了一数，申请不参加的具体人员约有10个，男女都有，岗位更多偏向事业群。

听完路经理对每一个人员的背景介绍，我沉吟起来：确实是大千世界，无奇不有；人心隔肚皮，其心难料。不过，你个人不愿参加，只能代表个人意愿，我们每一个人都不是孤岛，而是团队中的一员，必须兼顾个人和团队的共赢才能长久。

想到这里,我对项目组说道:"嘉宾难请的问题,我和韦经理来协助解决,至少第一期优才库,我要求有三位高管进行专业面试。我算一个常驻的,韦经理邀请一位职能模块的高管,路经理再去邀请事业群的一位副总裁。若有困难,随时反馈。"

路经理诉苦道:"事业群副总裁都不理我,不接我电话,很多我都没有微信。要不,请韦经理一并邀请事业群副总裁吧?"

韦经理看了看我,我点了点头,她说:"好的,我现在就发微信给他们。"韦经理当场编写邀请词输入微信,发给了三位日常比较热心的事业群副总裁,片刻后收到两个回复,一个答应了,另一个时间有冲突,此次不出席,说后续有机会再来,还有一个暂未回复。韦经理打出一个"V"的手势:"路经理,张总答应周五出席,你再发一个邮件给他说明具体行程安排吧!"路经理连声感谢。又过了五分钟,韦经理收到两位职能模块负责人回复参加的喜讯,赶紧做了安排:周五下午面试第一场,下周二第二场!

第一个问题解决了,我顺势提出新的问题:"你们觉得,专家面试这个环节,候选优才的体验感怎么样?高管评委们的面谈体验怎么量化?评价打分怎样操作?我们如何提升他们的峰终体验?"

经过一番细致讨论之后,项目组商议确定两份标准模板:给候选优才的"专家面谈通知"(如表3-4所示)和"面谈安排表"(如表3-5所示):

表 3-4　专家面谈通知内容模板

> 根据优才项目组安排，对于 T3 级举荐/自荐人员的面谈具体如下：
>
> 1. 面谈对象：T3 级举荐/自荐人员，即邮件收件人，具体见附件。
>
> 2. 面谈时间：1 月 29 日（本周五）下午 14：00—17：00。
>
> 3. 面谈地点：总部第二办公区三楼 A2 洽谈室 5（即第二办公区玻璃楼梯上来右转第二个会议室）。
>
> 4. 面谈方式：逐个进行，面谈领导和每个人员单独面谈，时间控制在每人不超过七分钟。
>
> 5. 面谈内容：面谈开始后，T3 级举荐/自荐人员先做两分钟的自我介绍（内容自行发挥），之后面谈领导会就相关问题和各位沟通交流。
>
> 以上内容很重要，请大家提前安排好时间，务必按时参加，无故未到者按弃权处理，谢谢！

表 3-5　优才库面谈安排表模板

优才库 T3 级面谈安排表									
序号	部门	工号	姓名	职位	职级	联系电话	面谈时间	备注

为提升专家评审的体验感，在给出统一评分表的同时，我们还拟定了"一封致评委的信"，详细讲解评审打分的标准维度和参考依据，并给每位评委准备了一份小礼品，在评审结束时赠送，以示感谢。

整个面谈过程中，需要三位评委分工合作，通过提问互动的方式对候选优才的六大价值观进行评价打分，评分表的汇总格式如表 3-6 所示：

表3-6 优才库面谈分数汇总表模板

序号	候选人姓名	面谈人姓名	价值观吻合	自我驱动	承担责任	遵守承诺	充满激情	支持与服务	合计	20%星级	平均星级
1	张××	陈××	5	3	4	3	3	5	23	3.8	3.94
		谭××	5	4	4	4	4	4	25	4.2	
		韦××	4	4	4	3	3	5	23	3.8	

（表头：优才库T3级面谈分数汇总）

评委所提的问题可以天马行空，最终目的是通过候选人的回答，洞察其在六大价值观方面的实际水准，给予评星判定。

经过为期两周紧锣密鼓的面谈安排，我作为常驻评委，在和逾百名干部多对一面谈之后，深刻感受到大家对公司价值观理解的参差不齐，也感受到大多数干部的拼搏精神和对公司的饱满热爱。

参加面谈的候选优才们事后也纷纷表示，通过专家评委的犀利提问和双方互动，他们对公司的价值观、优才库项目内容有了更深的了解，对自己的短板也有了更深的认识。

一时之间，公司内外，碧波激荡，人心起伏之后，焕然一新，可堪一用！

恭喜你已完成本章阅读！

温故而知新，请闭目安静回顾一分钟，尝试写下本章中让你印象最深刻的三句话：

1.

2.

3.

能写出来的才是真正属于你的！

第四章

梅花三弄

01　拼搏奋进优才库
02　7-2-1法则
03　游戏化思维
04　太极拳精要
05　师徒制底蕴
06　轮岗博弈论

进入具体的项目执行阶段之后，越来越多的细节问题逐渐浮出水面。宏观环境和微观环境叠加变化，每一次蝴蝶轻轻扇动翅膀，都会在不经意之间带来莫测的"蝴蝶效应"，对于项目的运作可能产生或大或小的冲击。

正如《疯狗浪》中所描述的："你所做的每一个管理决策，安排的每一项政策，都基于对接下来会发生什么的预测。所有的政策最终都会失败，因为没有什么是永远不变的。我们真正要做的是建立一个组织，当迎面而来的浪潮不可避免地拍裂了船体之后，能知道如何着手修补。"

对于整体的优才库运作体系，项目组已经有了完整的规划和设计，而在执行过程中出现的各种新问题，就需要项目执行组的各位精英成员依据整体设计来随机应变和有效应对。

"流程设计得再好，若执行不到位，亦无价值！"

"食不厌精，脍不厌细"，项目的运作执行需要关注的是细节中的细节，提前做好各项细节落地的推敲和准备，才能在实际执行过程中有备无患、临危不乱。

接下来的六个小节，通过项目推进执行过程中项目周会的流程剖析，揭示优才库人才梯队运作中最重要的核心工具应用精要。

01　拼搏奋进优才库

2020年1月23日，腊月二十九，是一个被记在史册上的特殊日子。

随着武汉因为新冠疫情而封城的消息传出，全国震动，各个单位都紧急启动应急预案，我们公司也紧急成立了应急小组，展开全方位的宣传和应对安排，包括湖北籍公司员工年后无法返岗的补充应对及部分湖北籍人员闯关返回广东的隔离安排等等。

人资模块和安环部门在总裁办带领下，紧锣密鼓地开展了相应的延伸工作。毋庸置疑，这一起突发的重大事件带来了巨大的影响，扰动了很多既定的战略事项计划，人才梯队优才库项目运作也受到较大影响。

原定在3月下旬举行的人才梯队优才库项目启动仪式，因为疫情的突如其来，一度延后、再度延后、三度延后。终于，人资模块内部专项组在3月中召开了春节后第一次项目会议，因为按照公司的防疫规定，超过五个人的会议不得面对面举行，只能召开线上会议。项目组刚好五个人，所以只好安排四个人在会议室，另一个人连线参加。

我做了年后第一次会议的开场白："过年期间，新增加了许多防疫宣传及应急工作，大家都非常给力，辛苦你们啦！同时，也正是因为这个原因，我们的专项会议延迟到今天才正式召开。前几周我向总裁多次请示，申请尽快启动第一期优才库培育班运作，上周总裁终于同意并批示：在符合防疫要求的基础上，有序推进展开第一期优才库项目工作！"

韦经理在线上参会，听到这个好消息后，立刻申请发言："鲁总，这太好啦，趁着没有新的变化，我们应该立即行动起来！"

"是的，我们要加速安排启动，看看可不可以下周就召开启动会议。已经有太多优才学员在问我何时开班、能不能开班。"黎主管戴着口罩发言，声音较平时更为厚重。

"此前你将优才学员确认名单发给各模块负责人，他们有回复邮件说什么吗？"我问黎主管。

"有三位模块负责人希望将部分未入围人员作为特殊情况纳入，我汇总了他们的整体需求。此前已经劝退了一批，但是比较坚持的仍有六人。我用微信将名单发给您。"

我看了看微信，稍一沉吟，把这一名单用微信转发给了总裁，申请破格纳入。不到一分钟，总裁就给出回复："请按照我们此前的应对规则执行，符合规则的同意纳入！"

我问静欣道："总裁同意按照我们此前的应对规则执行，你还记得我们关于这一项的应对规则吗？"静欣点了点头，表示记得，主动向大伙儿讲解道："此前在和总裁一起开的专项会议中，曾提到特殊人群的宽放原则：为了尊重各个模块负责人，取得其支持，对模块负责人特别认可和推荐的人才，可破格纳入；根据各模块规模大小的不同，模块负责人的特殊推荐名额为1—3人。我和黎主管确认过，这六人基本都在这个规则范围内，可以破格纳入。"

"即便如此，也不能让他们觉得获取得太轻松了。我们要防微杜渐，避免有些人得寸进尺。黎主管，你通知他们，说公司没有这项规定，你无权处理，建议他们私下找我沟通。届时，我会再进一步确认他们的决心，若还是特别坚持的，我会通知他们写联络单特别申请，给我和总裁签批后方可生效。对于专项组而言，你们要明确你们的责任是：严格依法执行、看单操作，确保做到有据可查。明白吗？"最后一句话，我加大了声音，重点强调。

在会议室的三人都点头回复："明白。"线上会议的另外一头，可能因为网络延迟，韦经理的回复落后了几秒钟，却也同样声音响亮："明白，我们一定会按单操作，没有您和总裁的签名就不会执行的！"

"接下来的运作，因为疫情的影响，我们需要做哪些调整？"我摘下口罩，喝了一口水，然后戴上口罩，继续说道："像此前设计的启动大会，目前的疫情之下，线下举行的机会可能比较渺茫。对此，大家有什么建议?"

路经理抢先发言:"今天开会都是线上进行,启动大会要100多人,按防疫规定,肯定只能是线上召开了。巧而迟不如拙而速,我建议采用线上直播方式。"

韦经理发表了不同的观点:"可是,线上直播感觉没有氛围,起不到我们想要的隆重而庄严的效果,特别是鲁总您之前提到启动会议要邀请公司经营班子到现场坐镇、发言,如果是线上直播,就很容易'筐瓢'了。所以,我不建议采用线上直播来举行启动仪式,我建议等防疫规定放宽一些后,再举行线下的启动仪式,宁缺毋滥!"

"可是,现在已经有很多学员在询问开班的事情了,我担心拖得越久,大家越是犹疑,对优才库项目的名声有损啊。"黎主管站在学员的角度,提出了她的担忧。

看到大家一时陷入了沉默,静欣举起手,提出她的建议:"我觉得大家讲的都很有道理,所以,我想,可不可以折中一下,采取一个中间的办法来过渡?"

我会心一笑,感觉到静欣和我的默契越来越深,不枉过去半年一直让她参与总裁和我的项目例会,便顺水推舟地问道:"静欣,有什么中间的过渡办法,你说来听听。"

静欣扬起脸,露出了她的单边酒窝,缓慢而坚定地说道:"我们可以先召开一个线上直播宣讲会,由鲁总您亲自主讲,对象是所有优才库培育班学员,给他们先吃一颗定心丸,这样就解决了黎主管顾虑的问题;在宣讲会上,我们可以按照韦经理所说的,告诉大家后续会有线下的启动大会,公司经营层会出席,不过具体时间要根据防疫规定来确定。"

静欣的话音刚落,韦经理就在另一头大声叫好:"太好了,我同意静欣的这个建议。"

路经理和黎主管也纷纷点头表示认可。

"那就这样定了，我们按照静欣的建议，召开两场会议。谢谢静欣！"专项组按照惯例给了静欣热烈的掌声，然后我询问韦经理："第一场宣讲会，线上直播的硬件和软件方面，培训部有准备吗？"

韦经理迟疑了片刻，回复道："此前没有这方面的筹备，不过，给我一周时间，我保证安排妥当。"路经理特别提醒道："要确保能够容纳120人同时在线才行。""明白，我们的目标是确保200人同时在线的顺畅，我估计会试一下企业微信、钉钉的在线直播平台。"

听了韦经理的回复，我说道："建议钉钉做首选，此前我们试过，十来个人是可以的。而企业微信，年后开工第一天总裁办召开高管线上会议时，用起来感觉比较堵，不太流畅。另外，你还可以问问有合作的外部培训机构，看看他们现阶段都是用什么线上直播平台，也可以直接借鉴。另外，培训宣讲的内容请静欣先做一版初稿给我，争取下周会议中讨论一次，计划在下周五启动线上宣讲。"

韦经理和静欣点头答应，没有提出不同观点，反而是黎主管提出了新的问题："直播宣讲在3月份开启是可以的，不过线下的启动会具体要包括哪些内容，计划什么时候召开，我们今天也要明确下来，提前做准备才行。"

"是啊，我同意黎主管的观点。第一期优才库项目的正式启动仪式，我们一定要做得与以往不同，最好是让所有与会者，包括经营班子，都有深刻的体验和触动。关于这一方面，我提议，我们来个五分钟的脑力激荡：静欣准备五张白纸，大家人手一张，每个人用五分钟时间，写出不少于五项的关于启动仪式的创新细节建议；五分钟后，大家逐一发言表达，群策群力，共同创新。特别提醒，写的细项内容要有创新性，最好是能让人'哇'一下。"

五分钟过去了，大家开始讨论……十五分钟过去了，大家讨论出不少好的建议。针对项目启动仪式，静欣记录、归纳总结出如下八项：

· 启动大会标题："公司T2/T3优才库项目启动仪式暨新经济形势

下的经营论坛"

·优才库项目口号:"拼搏奋进优才库,开疆辟土真英雄"

·开场合唱环节:全员站立合唱公司自己的歌曲《出彩格新美人》

·重点议题一:由人资负责人讲解"T2/T3级优才库项目简介"

·重点议题二:由公司总裁讲解"对公司优才的期望和要求"

·重点议题三:邀请经营班子开启"第一届新经济形势下的经营论坛",由人资负责人主持,包括三个部分(嘉宾专项发言、回答指定问题,现场自由提问、嘉宾回答,嘉宾总结、每人一句寄语)

·提前准备环节:收集第一期T2/T3学员对公司经营层的提问,筛选五个问题作为指定主题请经营班子现场回答,提前联系学员中的积极分子,现场主动提问、避免冷场

·会议峰终设计:设计现场签名墙,提前邀请各模块负责人出席会议,安排会后分班级集体大合照

设计不易,执行更难!专项组脑力激荡得出的关于优才库项目启动仪式的这八项细节设计,在与总裁的专项会议上确认通过后,我们逐项展开设计与安排,逢山开路、遇水搭桥,克服、闯过了过程中的各项难关:

没有专业主持人,就让静欣临时抱佛脚;没有合适的场地,紧急改造启用活动中心的"侠客岛";合唱歌曲不会唱,提前开班会专项教导;经营班子时间难约,一个一个地反复确认,突发事件调整后再二次确认、三次确认;疫情防控规定不确定,找安环负责人反复沟通确认、找空档期;优才学员提问太少或深度不够,逐一拜访和引导……

"世上无难事,只怕有心人",3月31日,我们终于启动了线上直播宣讲会,对象是第一期的T2/T3优才学员,会议上讲解了整个优才库项目的背景与目标及整个运作过程,特别列出了未来一个月的行动计划表(如表4-1所示)。

表 4-1　面向学员的优才库项目行动计划表

序号	时间	事件	人员	地点
1	3月31日	参加项目宣导会议	优才库候选人、各模块及单位负责人、综合部	线上直播
2	4月6日	提交单位项目清单（12个模块/单位）	各模块/单位负责人	邮件提交
3	4月7日	提交组织方项目清单	组织方	邮件提交
4	4月6日	确认方向	优才库候选人	邮件提交
5	4月8日	确认导师	优才库候选人、导师	邮件提交
6	4月10日	确认项目	优才库候选人	邮件提交
7	4月10日	参与360°训前测评	优才库候选人	系统
8	4月15日	参加培养计划宣讲会议	优才库候选人	培训部（具体待定）
9	4月21日	参加开营仪式	优才库候选人	培训部（具体待定）

在项目宣讲会线上直播完成后，第一期优才项目进入了"路人皆知、人心向往"的高光时刻。之所以如此，不一定是因为优才库项目本身有多么优秀；项目组内部分析认为，可能是在疫情防控的压力之下，大家情感上更愿意通过青睐这个话题来转移注意力、缓解情绪，重燃希望之光。

时势造就，借势而为！经营班子同样感受到大家的这股热情和渴望，所以在受邀参与启动仪式、作为"第一届新经济形势下的经营论坛"的论坛嘉宾时，他们都特别支持。

历经两次因疫情波动而做出的时间调整之后，终于，在5月9日下午,公司的第一届"T2/T3优才库项目启动仪式暨新经济形势下的经营论坛"正式举行。

空前盛况下的新闻报道,摘录如下:

> 全体人员起立歌唱《出彩格新美人》后,会议进入优才库项目介绍环节。人资模块鲁爱国回顾了项目成立的初衷和运作流程,明确了"选拔人才、与时俱进、来之能战、战之能胜"的项目使命,结合学员的现状提出"未来之路"构想的三个要点:精深第一专业、发展第二专业,懂得缺项分析且针对缺项刻意练习改进,优才"三选""三练"实践。最后,他对学员提出期望:"希望大家通过'三选''三练'得以成长,在未来和更广的平台上让自己能承担更大责任。正如优才库的口号:拼搏奋进优才库,开疆辟土真英雄!期待在座的优才将来都能成为公司的真英雄!"
>
> 随后,总裁曾××上台分享他对公司优才的期望和要求。对于优才的定义,总裁提出自己的观点,他认为优才是"学而优则仕,仕而优则学""百里挑一,以一挑百""来之能战,战之能胜"的结合,并展开讲述。此外,他强调优才应具备与企业价值观吻合、自我驱动和勇于承担责任三个优点,希望大家从心态、能力上离开自己的舒适区,在工作上展开新的追求,激励大家在这个平台上不断学习、锻炼提升。
>
> 经营班子四位领导和鲁爱国共同上台按下屏幕上的按钮,正式启动公司优才库项目……

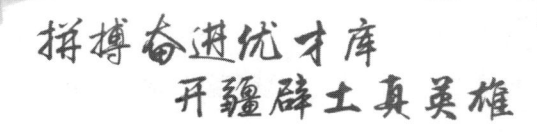

图 4-1 "拼搏奋进优才库"

02　7－2－1 法则

"上周的启动仪式，静欣主持得非常棒，一点都看不出是第一次担任主持人。"在人资模块优才库专项周会上，韦经理毫不吝啬地对静欣进行热情洋溢的赞美，"整个过程行云流水，挥洒自如，我在后面看着都感到赏心悦目呢！我建议大家给美女主持人静欣热烈的掌声！"话音刚落，热烈的掌声就响彻耳畔。

静欣有些不好意思，谦虚地说："没有韦经理说的那么好，过程中还是有些地方出了状况，有一次我差点都忘词了！幸好大家都衔接、互动得非常好，特别是路经理和黎主管在现场的互动救场，特别主动和及时；韦经理在经营论坛过程中积极推动大家举手提问，会后合影组织学员分批有序进场等，也让我感觉到一场大会的成功离不开事先的准备和事中的细节协作。谢谢大家！"说完，静欣站了起来，向着大家深鞠一躬。

"好的开始，是成功的一半！这一次静欣确实让我们眼前一亮，总裁对静欣的主持表现也是赞誉有加呢！过程中虽然还有一些瑕疵，但瑕不掩瑜。我同意静欣所说，这是一次成功的大会，而大家的团结协作是这一次启动大会圆满成功的根本保障。"我竖起大拇指，给专项组的小伙伴们逐个点了赞，然后话锋一转，继续说道："不过，现在这也把我们顶在了风口浪尖上。开弓没有回头箭，我们现在的情况就是'华山一条路——有进无退'，只能全力向前做得更好。所以，要特别关注接下来要展开的各项实操细节运作。大家觉得有哪些需要重点讨论和确认的，可以逐一说说！"

韦经理第一个发言："正如鲁总所说，接下来才是重头戏。启动大会一开，我们项目组的事情有很多很多，两周内，至少得完成七大项工作。我先列出来，大家一起看看，分工合作、认领一下。鲁总，我借用一下白板，可以吗？"

看到我点了头，韦经理就在白板上快速写下优才库项目启动后须推进落地的七个重点工作事项：

第一项：成立 T2/T3 两个班级的班委会，选举班长和班委。

第二项：确认优才学员的导师/师傅，要求优才学员提交成功邀请的照片或视频。

第三项：收集各单位年度推行的项目清单，为 T2 学员盲抽项目做准备。

第四项：制作优才学员的培育前 360°测评报告。

第五项：筹备班级团建方案，将公司文化价值观活动融入团建项目。

第六项：准备优才学员师徒签约仪式。

第七项：明确并收取班级活动经费（班费）。

把笔放下后，韦经理问大家："我初步想到的就是这七项，算是抛砖引玉，请大家指正补充啊！"

第一期优才库项目有两个班级，T2 优才班有 55 人，班主任由韦经理担任；T3 优才班有 51 人，班主任由静欣担任。在启动大会前，两位班主任已经展开联络工作，建立班级微信群，同步收集班级各个优才学员提出的问题和建议。作为 T2 优才班班主任，韦经理列出来的这些工作事项，明显是在其位谋其政、经过深思熟虑的，应该提前和 T3 优才班班主任静欣也做过沟通。

所以，大家左看看、右看看，居然没人提出七项工作之外的其他补充。看着实在没有人提问，路经理怕冷场，就问了一句："为什么会有第三项？要收集什么年度推行的项目啊？"

韦经理没有吭声，反而看了看我。是我上场的时候了。事实上，这七项工作内容的前六项是我昨晚写给韦经理，让她补充完善后今天提出来的，当时韦经理也提出不少疑问，我说会议上再来详细讲解，所以此时我得主动讲解，不然就会有穿帮的危险。

"路经理，你觉得什么是 7－2－1 法则？"一开口，我先反问了路经理一个问题。

路经理愣住了，好一会儿才说道："这个，我好像隐约曾经听到过……对了，您上次线上直播宣讲时提到过，但是具体的内容，我还不太了解，当时您也没有细讲。还请鲁总指点。"

"那么，你认为，公司的干部是怎么培养出来的呢？"我又问道。

"呃……目前，我只是讲优才库项目以前啊，基本上就是上级领导培养为主，中间有一些培训部的培训课程；对于新晋升的干部，干部管理部会要求他们完成一个干部训练营的三节课程。大概就这些。"作为干部管理部门的负责人，路经理对现状还是比较清楚的。

"你认为这样培养出来的干部，是不是我们公司发展需要的干部呢？"

"这个，我觉得不是。如果是，也就不会有我们优才库项目了！"这一次，路经理倒是中气十足、干脆利落地给出了肯定回答。

"是啊，在回答你刚刚提出的问题之前，在我们正式讨论韦经理列出的这七项工作之前，我们必须明确我们对优才的培育理念，形成统一的认识。"我顿了顿，向韦经理说道："你给大家再普及一下 7－2－1 法则和我们对 T2 优才的'三选'内容吧！"

"好的。"韦经理用手将额前的头发梳理至耳后，斟酌措辞后说道："7－2－1 法则，是学习发展领域广泛应用的一个原则，最早是美国普林斯顿大学摩根等人在其著作《构筑生涯发展规划》中提出的。他们认为，在学习成长过程中，学习成效大致有三大来源：70% 的学习成效来自个人的实践和练习；20% 的学习成效来自非常规培训，比如向优秀的同事或导师学习和讨论交流；10% 的学习成效来自正规的教育培训，如读书、听讲座和上课等。我们培训部以前更多的是集中在最少成效的这方面进行课堂培训，按照鲁总对 T2/T3 优才库的设计，我们要更全面地利用 7-2-1 法则对优才进行全方位的培育。"

可能感觉到自己讲得太快，韦经理摘下口罩，端起茶杯，喝了一大口水，然后看着大家，问道："我刚刚讲的内容可能有些绕，你们有什么疑问吗？"

大家纷纷摇头，黎主管说道："韦经理讲得很清楚啊，我也很认可，优才库就应该用 7-2-1 法则来重构才好。"

韦经理点点头，呼出了一口气，继续说道："T2 优才班的'三选'，就是对 7-2-1 法则运作的一个变形描述，其中：第一选，就是自选方向，让优才学员自己从经营者、营运者、营销者、产品官、资源官五个方向中，选择自己最喜欢或感兴趣的 1—2 个，作为后续职业发展的主攻方向，这也有利于我们安排其所需的培训课程和书籍，为 10% 的学习成效做准备；第二选，就是自选导师，根据个人所选的未来发展方向，选择方向对应的、比自己职位高两级的跨单位领导，作为自己的导师，这就是 7-2-1 法则中的'2'，后续与导师交流互动，能更好地提升自己的实战水平；第三选，就是自选项目，要独立完成 3 个项目，一个是导师给的，一个是自己所在单位领导给的，还有一个就是跨单位盲抽的项目，这些就是 7-2-1 法则中的'7'，会带来 70% 的培育成效。我的讲解完毕。我了解的也只是一些皮毛，接下来，大家掌声欢迎鲁总给我们进行深度剖析！"说完，韦经理带头鼓掌，四个人居然也能拍出如潮的效果。

我笑着接过韦经理的话题，说道："韦经理对 7-2-1 法则的描述很清晰，我们现在人才梯队运作缺失的就是 7+2。总裁一直强调人才是练出来的，不是培训出来的。所以，对于优才库项目，我们的优才培育内核指导思想，就是'教-训-练'！教，就是 10% 效果的课堂教育，也是接下来培训部要组织安排的优才系列课程，这一部分，花费培训部的时间和精力最多，成效却是最小的，不过相对容易做好，也必须做好。训，就是 20% 效果的师徒制，是耳提面命的口口相传，希望通过正式的师徒签约仪式，能够让优才学员选择的导师对他们多一些真诚的传道、授业和解惑。练，就是效果占比 70% 的项目制，三个自选项目中，前两个不用我们担心，只需要及时跟进和反馈即可，第三个盲抽的项目，就需要干部管理部提前向各单位收集、筛选和发布，我的要求只有一个，必须是各单位真实的、有需要的项目，一定要保证优才学员加入项目后起到真正的磨炼效果！"

说完，我看着路经理，一字一句地问道："路经理，你现在清楚第三项工作的目的了吗？能不能搞定？"路经理胸口一挺："清楚，明白，鲁总。保证完成任务！"

"静欣，你也大概给大家讲解一下 T3 优才的'三练'吧！"我把头往后仰了仰，舒展双肩，对静欣说道。

"好的。T3 优才的'三练'和 T2 的'三选'类似，基本都是 7－2－1 法则，也就是鲁总刚才所说的'教－训－练'的演绎落地版本。'三练'中的第一练，轮岗历练，就是通过三个岗位轮岗来磨炼提升，对应的是 70% 成效的练；第二练，师傅磨炼，对应的是 20% 成效的训，通过完成与师傅相关的一系列任务来实现言传身教；第三练，身体锻炼，就是通过练习太极拳，来提升优才学员的学习能力，对应的是 10% 成效的教。"

上下同欲者胜，经过一番问答讲解之后，专项组内部形成了统一认识，大家希望满满、兴致勃勃地展开七项工作的分工认领……

新一轮优才项目有效落地的征程，就此正式展开！

03　游戏化思维

"研究表明，一般人能够安静聆听的时间只有17秒，然后就想插话、给建议；聆听者和演讲者都须预做规划方可有望收获。"

"谁说工作一定是枯燥乏味、剥夺人性的？运用游戏化思维，人们会乐于为你的公司奉献价值。"

拂晓时分，坐在家中书桌前，看着这两段话，想着总裁交代给我的任务——去总裁的高中母校做开学致辞，我禁不住一阵头大。本来校长是邀请总裁去的，结果总裁推荐了我，校长也很真诚地邀请我，在总裁的授意下，我硬着头皮答应下来。可是，要对一所高中几千名学生现场做开学发言，讲什么呀？

思前想后，眼瞅着天就要亮了，我终于决定：就讲游戏化思维……

学校开学典礼的现场，轮到我上台发言！

站在高大的讲台上，看着大礼堂里乌压压的人头，在简单自我介绍之后，我提出我的发言主题设问："在座的同学们和老师们，你们会玩游戏吗？有玩过游戏的请举个手，比如王者荣耀、和平精英、泡泡龙、英雄联盟等等……很好，大家都很诚实，因为我看到了很多只手。请教你们一个问题：你们觉得，游戏好玩吗？"下面一阵骚动，很多人喊出声来："好玩！""特别好玩！"

我注意到校长的脸色有些不好看，便话锋一转，回归正题："那么，你们觉得，学习好玩吗？其实，学习和游戏是一样的。只要在学习中运用好游戏化思维的四大原则，你们就会发现，学习和游戏一样好玩。你们想知道是哪四个原则吗？"

顿了一顿，看着不少人的眼中流露出渴望的神色，我大声说出游戏化思维的四大原则："第一个，就是目标明确……第二个，就是规则透明……第三个，就是反馈及时……最后一个，就是自愿参与……最后，祝愿大家在高中学习的每一天，都能享受学习、快乐学习，像玩游戏闯关一样好好学习、天天向上！谢谢大家！"发言结束后，现场掌声如潮，回到座位时，校长向我竖起了大拇指。

讲完这段往事，我环顾了一圈，询问优才库项目组的四位成员："你们明白了吗？"看着他们似懂非懂的神情，我逐一点名让他们依次分享听后感。

韦经理扶了扶眼镜，大声说道："我觉得，鲁总的演讲煽动力很强啊。我听说校长的脸色现场变了好几次，幸好您最后成功兜回来，不然校长打个小报告，您就只能等着被总裁责备了。听完鲁总刚才讲的这个故事，作为优才库项目组的一员，尤其是班主任，我的感受主要有两个：第一个，就是我们一定要提升自己的演讲口才，一定要能像党校的老师一样，引导优才学员积极思考，与公司文化价值观接轨靠拢；第二个，就是游戏化思维的运用，我觉得对小孩的教育应该采用游戏化思维，优才库的运作也应该更多采用游戏化思维。好了，我就先说这么多，接下来路经理说吧，我待会儿想到了再搭顺风车。"

路经理接过分享棒，笑眯眯地说道："韦经理把我的感受也说了一大半，我都没有什么可以讲了，估计我讲完后，后面的伙伴们会更难！"静欣笑着打岔道："那路经理你就少讲一些，留一点给我和黎主管讲啊。"黎主管一本正经地严肃发声："不用，我还有很多感受，你们尽管展开分享。"感受到大家相处无间，我的心也放松下来，主动为他们的发言进行排序："路经理，你先讲，言无不尽；静欣接在路经理后面讲，黎主管有很多感想，最后压轴。前面讲过的就尽量避免重复。"

路经理说道:"从干部管理和优才库项目运作的角度来讲,我认同韦经理刚才所说,而我个人最大的感受就是优才库项目比较好玩。鲁总应该是早已将游戏化思维嵌到优才库整体的设计之中了,很多方面都有游戏的思维,比如说我们 T3 的师傅磨炼和身体锻炼,都符合游戏化思维的几大原则;特别是对于优才班的团建,我们也增加了文化价值观的游戏环节。刚才我也在思考,后续对现有的干部管理,是不是可以多采用这种思维进行变革改造。"

我点点头,赞道:"路经理的建议很好,我觉得是可以深入思考讨论的,你可以对现有干部管理运作做个专项报告,我们下次再一起讨论。"路经理笑着答应,并示意静欣发言。

静欣看了看笔记本上的记录,用笔划掉了很多,然后抬头说道:"我看了看,现在还能分享的感受就只剩下一点:在鲁总讲述的故事中,特别打动我的是将学生的学习与游戏进行对比衔接,让学生们不知不觉中就将苦恼、痛苦的学习置换为喜欢、愉悦的游戏。我觉得优才库项目如果能通过各项细节处理,让优才学员们从繁琐的工作中找到游戏的快感,或者至少在优才培育的各个环节中能像玩游戏一样乐在其中、全身心投入,就能够达到或者部分达到鲁总对我们的期望和要求!"说着,静欣看了我一眼,发现我在频频点头后,又补充道:"游戏化思维,我会在第一期 T3 优才班里进行试点、展开尝试!"韦经理作为 T2 的班主任,此时也当仁不让地说道:"静欣说的对,T2 优才班的运作也要全面运用游戏化思维。静欣,你有什么好的想法和实践,要及时和我分享啊。"

看着韦经理要和静欣准备私聊的架势,黎主管赶紧发言:"静欣讲完,终于轮到我了。对于游戏化思维,我有三点感想和大家分享:首先,关于游戏化思维的四大原则,放在优才库项目落地方面,我们应该逐项来分析一下,第一个原则是目标明确,优才库项目的目标是什么,是不是明确了?"

"明确了，就是总裁和鲁总在启动仪式中说的——选拔人才！人才的要求是：与时俱进、来之能战、战之能胜，学而优则仕、仕而优则学，百里挑一、以一挑百！"韦经理快速回答。

"好，那么第二个原则是规则透明，优才库项目目前的规则是否透明，优才学员们和相关人员是否都清楚？"

"是明确的，目前优才库项目的运作流程已经签批完成，已展开多维度的培训宣讲，我们在班会中对优才学员进行座谈和双向沟通，应该问题不大。不过，部分细节的规则还需要明细化地拟制、确认和发布。"静欣边回答边思考着。

"这也可以。第三个原则是反馈及时，优才库项目各项运作的反馈及时性，目前还有待提升。我们不仅要快速给各位领导反馈，而且要及时让每个优才学员得到反馈，包括'教-训-练'的各个维度任务和成绩的反馈。"黎主管继续说道。

"是的，这一方面我搭个顺风车，黎主管需要重点打造优才库的互动系统平台；韦经理和静欣作为第一期的班主任，要快速收集学员的各项资讯，包括上课出勤、小测、师徒任务、轮岗项目运作开展、读书进度等等，及时反馈给各个学员乃至其领导、导师；过程中的各项执行细则，静欣把它们形成流程制度，在专项组周会中讨论确定后即可定稿，交由黎主管展开系统规划后，纳入系统开发。我会通知 AIMS 系统开发人员优先配合开发！"

待我的补充发言结束后，黎主管问道："鲁总，收到。我可以继续往下讲吗？"我有些意犹未尽，却也不好再阻断她的发言，于是示意她继续。

黎主管开口道："第三个原则要想落实，鲁总刚才要求的事项是关键，我们大家要一起完善到位才行。第四个原则是自愿参与，目前优才库学员是不是自愿参与的呢？我觉得大部分自愿，少部分不太情愿，是被领导推荐、逼着来的。"

第四章 梅花三弄

"是啊，我也有同感。"路经理顺着黎主管的话，说了自己的体会，"我之前找了几个经理聊天，他们都说没有时间参加优才库启动仪式，每天工作太忙，也不想参加后续的团建和培训课程。他们认为这些对他们没有什么帮助，只是浪费了他们的时间……"

"静欣，记不记得总裁和我们聊过这个问题？他当时是怎么说的啊？"我向静欣提问道。

静欣认真地想了想，翻出电脑中的会议记录查看，然后说道："找到啦！总裁有明确指示：凡是不愿意参加的，绝不勉强，我们要的优才是自愿内驱型的。"

"韦经理，你觉得路经理和黎主管所说的这种情况该如何处理？"我又向韦经理提问道。

韦经理不假思索地回答："大方向遵照总裁的指示，细节上，我的建议是班主任和该类学员一对一沟通，看能否影响、改变他的想法，不行的话才允许其退学。"

我摇了摇头："这类事项要特别重视，一不小心就会带来极大的负面影响。我要求分三步走：第一步就是如你所说，班主任先与本人沟通，尽量引导说服；第二步，若还是不同意，就直接和他的上级领导面对面沟通说明，请求他们的理解和支持，请他们与当事人沟通后给出反馈；第三步，若上级领导反馈无法说服且同意退学时，告知当事人需要写退出申请，由模块负责人、我和总裁签批后方可生效。"

路经理听完一惊，问道："还需要总裁签批吗？是不是到鲁总签批就可以了？"我再次强调道："要总裁签批后方可生效。记住，这是总裁高度关注的重点战略项目，进入和退出都必须有总裁的签字！你们一定要做好把关，清楚了吗？"专项组各成员轰然应诺。

"黎主管，你的分享非常好。请继续。"

黎主管不好意思地笑了笑，看了看表，继续讲道："刚才说的那四个原则，如果我们能做到，其实就已经很完整了。接下来我长话短说。

我的第二点分享，是想说我们可不可以每个月公布一下优才库学员的排名情况；第三点就是遇到一个问题，有部分未入选的报名人员询问他们未入选的原因，是否可以告诉他们？"

受黎主管的影响，我也看了看时间，发现已经12：25了，再晚就又要错过打下班卡和吃饭时间，于是也长话短说地总结道："我先回到黎主管提出的问题，对于未入选的报名人员，应该告知他们未入选的结果和原因，因为这就是游戏化思维的第三个原则：反馈及时。目前先用邮件回复，后续可以在AIMS系统中自行查看。对于黎主管的第二点建议，我认为很有必要。因为游戏化思维，除了四项原则外，还有三个很重要的要素，就是点数、徽章、排行榜。后续优才库学员的'教－训－练'运作，请班主任设计、统计他们获取的点数或积分、荣誉称号或徽章，并对应给出荣誉排行榜，就如王者荣耀等游戏一样！"

韦经理和静欣两位班主任相视一笑，异口同声说道："好的，我们来试试！"

游戏设计工作，从优才库项目开始……

04　太极拳精要

"太极者，无极而生，动静之机，阴阳之母也。动之则分，静之则合；无过不及，随曲就伸。人刚我柔谓之走，我顺人背谓之粘；动急则急应，动缓则缓随……"

我一边默念着王宗岳的《太极拳论》，一边缓缓练习二十四式太极拳，同时思考着一位总经理询问我的问题："为什么还要让 T3 优才班的这些管理者练习太极拳，有什么意义啊？"

优才库轰轰烈烈的启动仪式，一石激起千层浪！公司自上而下，所有管理者的目光都化为放大镜，开始审视优才库项目运作的点点滴滴，开始打破砂锅问到底式的探索解密。这不，前两天和几个单位负责人闲聊、面谈时，就有一位加入公司超过 20 年的总经理向我提出了优才学员练习太极拳的意义问题。

当时，他是这么问我的："鲁总，我知道优才库项目是总裁高度关注、全程参与投入的重要战略项目，项目的各项设计都自有深意；不过，对于要求 T3 优才学员练习太极拳这个事，我确实有些不太明白，所以今天想向你请教一下其中的奥秘。为什么要练习太极，而不是跑步，抑或练习瑜伽或健身操呢？"

他问得这么有技巧，确实算是一位高情商的职场达人。我忍不住反问回去，顺带简单考考他的智商："是啊，这些项目设计确实都花费了项目组的不少脑细胞，每一项都是反复斟酌后，提交总裁当面确认评估后定下来的。刘总，从你的角度来看，你认为练习太极拳有没有意义，如果有，它的意义有哪些呢？"

刘总迟疑片刻，思索片刻，然后谦虚地说道："从我个人的角度来看，意义不大。不过，刚才我尝试着从高层的角度思考，觉得主要就是两方面的意义,一个是倡议大家要好好锻炼身体,身体是革命的本钱,有好的身体才能更好地顽强拼搏。你说是不是?"

我点点头,给他竖了个大拇指:"确实是一针见血。那另外一个方面呢?"

刘总咧嘴一笑,继续说道:"另外一个方面我不太确定,是不是高层希望公司的优才们能够临危不乱,临大事要具备定力,有静气?因为太极拳强调的就是以静制动嘛!"

接着,刘总犹豫了一下,拍拍我的肩膀,放低声音道:"不过,另外还有一层不太好的传法,因为和你熟,我也就直接说出来了,说的不对,你也不要见怪!有部分人觉得,这个太极拳练习,不太好的一点是,会不会误导大家在日常工作中要学会'打太极',多踢皮球,少担责任啊?"

果然是高人,正反两面都有考量。我微笑着感谢他对我的信任,本想就此结束这个话题,结果刘总此时发挥公司"永不放弃"的精神,不断追问我:"鲁总,我算是抛砖引玉了。你问我的问题,我都是如实地、没有隐瞒地回答。接下来,你也要给我解密这一项的设计意义才行,反正也没外人,你多指点一下,我们哥儿俩互相交流啊!"

话说到这个分上,也不好推脱,我只得硬着头皮开始胡诌:"刘总,你讲的这些点都很有深度,认知很深刻,也很全面。佩服啊!"

缓了缓,看着刘总竖着耳朵在等后面的意图解密,我只好继续说道:"其实我们之所以设计要求优才库学员务必练习太极拳,都是因势利导,赶巧了。最初我们想要教的是佛山咏春,后来咏春的教练没时间,加上学员们提意见,认为咏春偏女性多一些,所以思来想去,就改选了太极拳。这其实主要是我的个人偏好,因为我自己从2004年开始练习太极拳,已经有十多年时间,我觉得练习太极拳对我的身体特别好。之前我有类风湿病,每天早上'晨僵',手指头僵硬,醒来半个多小时后才能慢慢动弹。看了知名老中医,他说我要吃一辈子中药,把当时才二十来岁的我吓坏了。后来辗转练习太极拳，每天早晚练习一遍，不吃药也逐渐康复了；再后来，遇到名师指点纠拳，更觉得太极拳博大精深、内涵深刻。所以我特别认可太极拳，也就和总裁特别推荐，将太极拳作为 T3 优才身体锻炼的主要方法。"

看着刘总听得意犹未尽，我继续展开说明："总裁最早也问过和你一样的问题，就是这个太极拳练习有什么意义。项目组汇总得出三个方面的意义：第一个，就是你刚才说的身体锻炼，健康的身体是未来优才的必要条件，没有好的身体，再有能力也不能长久。"

刘总连连点头："这一点我是非常认同的，有这一项要求，就会有越来越多的员工更加重视身体健康。"

"是的，我们不仅要求锻炼身体，还会有连带的前后两次身体检查，确保通过一段时间的锻炼，让身体的薄弱处得到提升，前后对比，达到目标的才算合格。"我补充了这一项细节后，正视着刘总的双眼，认真地说道："我今天讲的这些内容，说过就忘了，你也听听就好，不要外传，外传我也不认。"

刘总赶紧拍着胸脯打包票："放心，我不是那种到处传话的人。鲁总，你继续说！"

"第二个意义，其实跟总裁一直关注的管理干部的两大能力的挖掘和培育有关。总裁在大会小会上多次强调，现在这个 VUCA（Volatile，易变不稳定；Uncertain，不确定；Complex，复杂；Ambiguous，模糊）的多变时代，公司管理干部最重要的两大能力，就是学习能力和好奇心。练习太极拳，最直接体现的就是学习能力，而且是跨领域的学习能力。今天的管理干部在他自己的一亩三分地里，那当然都是专业的，半个专家，毕竟都干了那么多年，然而他目前的学习能力怎么样，还剩下多少，我们都不知道。但是，只要能够快速学会太极拳的，不管是一次学会，还是自己课后苦练学会，都代表着对新事物的学习能力犹在，间接体现的也就是对新事物仍具有好奇心。相反，那些总是学不会太极拳的，要么就是学习能力有问题，要么就是心态有问题，认为太极拳学习不重要，这代表着他或多或少已经丧失了个人对外界的好奇心！"

刘总"哎呀"了一声，我听到后停下来，看着他，他不好意思地说道："你说的太好了，我忍不住对比了一下自己，确实有这方面的风险，幸好你今天和我详细讲解。谢谢啊，这个确实开导、启发了我！那第三方面呢？"

"我的导师告诉我，练习太极拳有'五字诀'，即：静、轻、慢、切、恒。这个道理我们没有告诉优才库学员们，我们希望，在练习二十四式太极拳的过程中，他们有机会自然体会到其中的部分真意。比如你刚才提到的'临大事要有静气'，这正是太极拳的'静'字诀所要求的；这个世界太急躁了，目前的疫情下、订单压力下很多人都会有莫名的焦虑，而在练习太极拳时，就有机会平衡这种急迫下的重压。遇事愈急愈宜缓，动静平衡有助于缓解焦虑，举重若轻有利于增强个人领导魅力和团队战斗力，快慢适度能促进思考的客观性，多切磋、持之以恒则在技能提升和个人修身方面都有不小的裨益。所以，第三方面的意义更虚一些，不是那么明显，却有它潜移默化的功效，那就是：启发大脑、增扩器量。"

感觉到刘总有些似懂非懂的困扰，我笑了一笑，补充道："这一项我们也还在研究，主要是结合心理学认知行为法而做的尝试，也不一定正确。你老兄可以简单理解为这是公司文化的延伸落地吧！"

刘总点了点头，若有所悟。我乘势收尾，再次回归到刘总最初提出的问题，解释道："其实，为什么不跑步、不练瑜伽、不做健身操或打球，而最后选择太极拳运动？除了我个人的主观偏好建议外，还由两个客观情况所决定：一个是相较于跑步、球类、瑜伽等运动，太极拳不会受天气、场地、器具及对手时间等外部环境的影响；另外一个就是不受性别、年龄等内在条件限制，男女老少都可以练习，吴图南老先生100岁时还在天天打太极。"

经过这一番交流，刘总最后精神饱满地表示：不仅自己要抽空练习太极拳，而且今后还要号召大家全力支持优才库项目。

管中窥豹，通过这一次对话，我也感受到优才库项目在推行过程中的任重而道远。

思维回到当下，一边练拳，一边继续默念《太极拳论》："……阴阳相济，方为懂劲。懂劲后愈练愈精，默识揣摩，渐至从心所欲。本是舍己从人，多误舍近求远。所谓差之毫厘，谬以千里，学者不可不详辨焉！"

优才库选人培育，目标是长期而非短期，用人是面向未来而非仅为当下。我的导师罗教授曾对我说道："练太极就如吃人参一样，有利于增强体质，快速消除疲劳……"

这，或许就是太极拳的精要所在。

这，或许也就是优才库学员必须练习太极拳的用意所在。

但是，这能否实现呢？优才库学员历经十周时间，学会太极拳基本套路、拍摄个人完整练拳视频，经过现场练拳、教练打分通过之后，还有多少人，能持之以恒地在每天工作之余坚持练习太极拳呢？

路漫漫其修远兮，吾辈将上下而求索！

一张一弛，文武之道；一动一静，自然之理。

老子曰："天之道，利而不害；人之道，为而不争。"

05　师徒制底蕴

"师者,所以传道受业解惑也。"(韩愈《师说》)

"一日为师,终身为父!"

2009年,我还在深圳龙华,有一个很憨厚的河南小伙主动找到我:"鲁课长,您好,我是东风,今年刚毕业的新干班。我是工业工程专业的,郑州航院毕业。他们说您是我实习期的导师,请您多多指教!"

莫名其妙地,我就多了这么一个徒弟。当时已经带着两个课、管着十个经管IE和十个专案IE的我,根本就没有额外的时间去教徒弟。可是,鬼使神差地,我被他的诚恳所感染,和他互换了微信,还和他约定每周进行面谈,告诉他实习过程中有任何问题可以随时问我。然后,人前人后,同事们渐渐都知道我有这么一个憨厚的河南徒弟;再然后,东风也加入了经管IE大家庭,虽然和我不是同一个团队,却也有了不少工作上的往来和照面。

2010年4月份,我离开深圳,来到顺德;一年后,东风也离开深圳,来到顺德,协助我推行从富士康借鉴过来的MES系统。相识十多年来,他一直视我为师,虽然几经波折和离别,仍然无怨无悔,尊敬如故,让我真正有了为领导者的自信和底气。因为,不是所有的管理者都是领导者的,你是不是领导者?最直接的一项客观判断,就是你有没有跟随者!感谢东风,我给予你的并不多,而你回报给我的却甚多……

"为什么一定要在优才库项目中植入师徒制呢?"公司内部很多人都提出过这个问题。

我从来没有正面回答,仅仅是微微一笑:"为什么不呢?"而在我内心深处，想到的却是上面的这一段往事。

"一个篱笆三个桩，一个好汉三个帮。"在我刚进入这家公司的时候，我不清楚自己的定位，也不知道自己能不能做好、能做多久。非常幸运的是，我进来后直接汇报的对象就是总裁，总裁亦是指导我前进成长的良师。历经七年多的耳提面命，等同于在社会大学中跟着导师学了一个干部管理专业的本硕连读，成功毕业后的我被委任到人资模块，战战兢兢地开始统筹上市公司总部五万余人的人资工作。有赖于过往的良师指导，加上个人持之以恒的学习力和与时俱进的好奇心，两年多时间，我终于在人资模块站稳脚跟，渐入佳境，游刃有余；然后，就有了优才库变革项目的爆发。

有一次，我忍不住询问总裁："您为什么要推动优才库变革项目呢？有没有一点点原因是来自您的考核指标的驱动呢？"因为我曾看到董事会对总裁的年度KPI协议，其中有一项占比10%的权重指标，就是"人才梯队建设"。

"完全没有。"总裁不假思索地脱口回答，顿了一顿后又补充道："作为经营者，要的是自我驱动、创新驱动，而不是KPI驱动。很多时候，事情到了这一步，自然而然就会有创新变革的想法在头脑中冒出来，挡都挡不住！"

当时，我看着总裁的眼神变得恍惚起来，感觉眼中总裁的形象瞬间膨胀无数倍。是啊，企业家精神，往往就是全身心投入后的灵光闪现，探索求证开辟后，引领众人走上全新的轨道、一路向前！

在项目组专项会议中，总裁问我："师徒制我是很认可的，你觉得有把握推好这项制度吗？"

"是的，我非常感恩您的教导。正是因为过往七年多直接跟在您身边，有您的悉心指导，才有现在的我，所以我想在优才库项目里推行师徒制。虽然没有办法让他们都跟着您近距离学习，但是也能让更多的中层干部有机会受到高层经营者的指导，这种进步应该是巨大而且不可想象的!"我发自内心地表达了自己的想法。

总裁点点头,说道:"我同意师徒制的运作,不过,有一个要求,你不要把我加到导师名单里,也通知优才库学员不要邀请我作为导师。"

"啊?这怎么行啊,大家会很失望的。"我犹豫再三,还是将心中的想法说了出来。

"现在经营层面这么多事情,我还要负责品牌运作,实在没有这份时间和精力。就这样定了。何况,好不容易教会你,你不应该要帮我多担当一些吗?其他的副总裁也可以担任导师。"总裁决心已定,我只好遵令而行,然后继续回答总裁提出的问题:

"总裁,推行这项制度是有难度的,我没有太大的把握。不过,公司此前推行的技工师傅项目、人资模块内部推行的新干班导师制项目都有不少的积累。我们内部商讨过,以下七项工作如果都能做好,优才库师徒制的运作效果就能得到保障。"

"是吗?哪七项?你具体说说。"总裁来了兴致,眼睛炯炯有神地望着我。

我感觉到有一些紧张,干咳一声后才开口道:"老师,英文单词就是TEACHER。师徒制的七项工作对应的就是提升T－E－A－C－H－E－R所指向的七个英文单词,也就是师徒制的内涵底蕴要求。首先,T,就是Tutorial(指导性的),一定要让导师对学生有个性化的指导。所以,我们会提出一个保障机制,就是由导师给学生指定一个项目或轮岗任务,学生在完成过程中要请导师给予指导,完成后导师要给出评价。"

"对,这么一来,导师和学生的关系自然就会加深。这一项可行。"总裁的认可令我信心十足,于是我继续讲道:

"其次,就是E——Example(榜样),导师应该要作为学生的模范榜样,通过自身的行为来教育、引导学生。为了实现这一项,我们想了不少方法，最后发现比较可行的就是导师推荐书籍。优才库学员必须找到导师，请导师为其推荐三本必读书。这些书通常都是导师自己看过的，最好要求列明白推荐阅读的原因和期望，学员看完后要写读后感并发给导师。这样的话，言传身教或许就有机会通过这种方式传递下来。

"第三，就是A——Aspiration（志向），导师要鼓励学员树立并追求个人职业目标。我们的设计是将学员的入学前360°评价报告发给导师，由导师约学员进行面对面解读，给学员指点其职业规划并解惑，学员听完后扫码在系统中提交反馈。第四是C——Cooperation（合作），师徒之间需要一起加强协同努力。我们设计的最直观的机制，就是要求学员主动找到他的导师，和导师一起拍照，共同完成一段师徒承诺的视频录制。这个效果非常好，系统里已经上传了很多师徒共同承诺的视频，其中有不少我看了都非常有共鸣。"

看着总裁若有所思地听着，没有打断的意思，我就接着介绍："第五是H——Helping（帮助），导师在学生遇到困难时要提供支持和帮助。这个很难量化，为了促成这一项，我们增设'优秀导师'的评选机制，其中占较大权重的一个维度就是由学员对导师的投入关注度进行评价。然后，第六，E——Experience（经验），如何让老师将自己的丰富经验传授给学生？除了第一项的导师指定项目或轮岗之外，我们的要求是学员每个月都要主动去拜访自己的导师，这一项也纳入学员毕业评价，并提前告知学员。因为有了这项机制，学员去拜访导师就会更方便，只要说：'导师，因为这是人资那边的要求任务，所以您给我十分钟就行。'通常效果还不错。"

听到这里，总裁笑了笑，说道："是的，很多时候就是'因为、所以'：因为人资优才库项目有要求，所以我们要展开，然后人与人之间原本的戒备和阻碍就小了很多。"

"是啊，这也就是我们希望看到的情况。不过目前实际效果还有待进一步观察。"

"问你一个问题：你们现在每个导师规定能带几个徒弟啊？"

"这个，此前没有特别规定。"总裁的提问每每都是一针见血。如果导师带的徒弟太多，自然就没有精力去逐一传授经验了。我一边暗自佩服总裁的洞察力，一边继续回复道："根据过往经验，我们技工师傅所带的徒弟不超过七个，新干班导师所带徒弟原则上不超过三个，我估计优才库项目的导师所带徒弟的数量应该在二者之间。总裁，您觉得呢？"

"我觉得三个到六个比较合适，而且需要做一个明确的设定，导师是有时间限制的，以三个月到六个月为期限，最长不超过一年。未来，我们的优才库项目每年开一期还是两期？"

"我们的目标是每年开两期，12月份和6月底各有一次报名。明白了，那就按照您说的，导师原则上只允许同时收三个徒弟，最多不超过六个，师徒有效在册时间不超过六个月，要及时推动徒弟毕业、出师门。"静欣在一旁飞快地敲打着键盘，做着会议记录。

我留意到总裁开始看表，知道这次会议快要接近尾声，于是加快速度说道：

"最后一个，是R——Respect（尊重），就是师徒关系中不可或缺的相互尊重和理解。这一项，我们没有很好的办法，主要还是依靠师徒之间的真诚相待和互相付出。优才库项目组目前在这方面做的唯一工作，就是起了一个好头：组织召开师徒签约仪式，让每位徒弟邀请他们的导师/师傅到现场签订师徒契约。签字代表牵制，握手代表约定，合照代表礼成。会上我明确倡议，要学员多主动邀请导师吃饭，导师也可以邀请学生喝茶。"

"爱国，可以啦，你们想得已经很细致了，我的要求只有一个，坚决落实下去！中间如果需要我的支持，提前告诉我。"

"遵令。"我大声回应道，"谢谢总裁，谢谢导师！"

这，也就是师徒制的底蕴所在！

06　轮岗博弈论

"轮岗好不好?""好,可是我没有时间……"

"想不想轮岗?""想,可是我实在忙不过来……"

"为什么还没有去轮岗?""因为部门领导不同意……"

"你部门领导同意了,为什么还不去轮岗?""因为轮岗部门领导有顾虑……"

"轮岗一个多月了,为啥经常不在轮岗部门?""不知道能干啥,原部门又需要我……"

"轮岗都快结束了,你在轮岗部门到底学到了什么?""我想想,好像也没学到啥啊……"

三个多月过去了,项目组开展针对轮岗历练的专项调查,特别针对 T3 优才学员、原部门领导、轮岗部门领导进行了重点访谈。上面这些是 T3 优才学员的问答摘录,接下来这些是原部门领导的普遍心声:

问:"为什么不让你的得力干将去完成优才库的轮岗任务?这样他会毕不了业的,你知道吗?"

回答 1:"我部门现在一个萝卜一个坑,他一走就塌了半边天,实在没办法让他去轮岗啊。什么?不轮岗就不能毕业?那能不能给他挂个名,算他轮过岗呢?这也不行,那你们也太不通情理了!"

回答 2:"他是和我提过要去轮岗,我也想让他去,可是这一段时间订单太忙,每天都加班到很晚,实在抽不开身。能不能过了这一段旺季之后,再让他去轮岗?我保证同意!"

回答 3:"我都不知道他怎么进的优才库,我是他的领导,现在我都还没有进优才库。他想要轮岗,可以啊,等我先进优才库再说吧!"

回答 4:"轮岗?有什么用?一点屁用都没有,轮岗部门的领导肯定也不会教他什么东西,还不如老老实实地在我这里做好我交代的工作，这比什么都重要。优才毕不了业也没关系，慢慢在里面熬着呗，我当初不也是这样熬过来的？"

回答5："你们优才库项目净弄一些幺蛾子，本来他在我这里做得好好的，结果你们要求轮岗。他来找我，说不让他轮岗就是要让他走；我还就偏不让他轮岗了，反正他轮岗后学到本事更加会走，还不如现在耗着。什么？如果我坚持不同意他轮岗会处分通报我？那我再想想，看看怎么安排……"

家家有本难念的经，人人都有各自的小九九。对于优才学员轮岗，不仅直属部门领导会有种种担忧顾虑、自觉不自觉地制造人为阻碍，轮岗部门的领导更是忧心忡忡、患得患失。接下来听听轮岗部门领导怎么说的：

问："有个优才学员轮岗到你们部门给你免费干三个月，你觉得好不好？愿不愿意？"

回答A："为什么他要到我这个部门来轮岗啊，我这里庙小人也少，是不是公司看我去年业绩不好，打算找人替换我啊？我现在正在拼命赶业绩，你跟上面领导说说，再给我一个机会！"

回答B："他和我的职位一样，都是见习副经理，他到我这里轮岗，我去做啥啊？什么，他可以轮岗做我下面的主管？那不是大材小用吗？公司咋能这样浪费人才呢？不妥、不妥，你把我的建议反馈给上面领导，不要形成人才浪费，这花的都是公司的钱啊！"

回答C："我觉得挺好，也愿意他来，可是我的领导有些不乐意，领导对我说：'一个部门不能有两个管理者，如果你让他来轮岗，做得比你好，我就要他不要你了。'你们说我咋整？"

回答D："你说免费干三个月，这是不是真的啊？我部门现在可一分钱工资额度都没有，都是负数。现在工作任务多，人忙不过来，没有额度，也不让招人。他如果过来不要我部门的钱，我觉得这事可以。不过你们说的免费帮我干活，到底靠不靠谱啊？"

回答 E："他过来，了不起也就是蜻蜓点水，帮不上啥忙，只是镀个金；原部门有啥事一叫他，立马就跑回去了；还给我闹心。什么？他会在人事系统调到我的部门，日常考勤签批都要我同意？这个倒是可以考虑考虑。不过，我部门已经有一个销售部高级主管过来轮岗，专业对不对口不重要，重要的是她能帮我们搞定客户、搞来订单，所以得供着。有两个人同时在一个部门轮岗可以吗？哦，最多允许一个部门同时有两个轮岗者，那行，你让他再来找我，我和他聊聊。"

在人资模块优才库专项周会上，各个成员将自己使尽浑身解数、明察暗访收集到的各方意见和心声进行了详细讲解，其中有的人名都特别隐去不说，说是答应了对方要匿名，不然以后就朋友都没得做。

我也特别理解这项工作的不容易，因为"没有调查，没有发言权""实践是检验真理的唯一标准"，所以对大家搜集到这些来之不易的、真实宝贵的 VoC（用户的声音）表示了感谢，同时问道："你们觉得目前轮岗制运作有哪些地方还需要完善或是特别注意的吗？"

静欣难得地首先发言："我是 T3 的班主任，轮岗历练是 T3 学员的'三练'之一，所以我经常和 T3 学员聊起这一项运作，我发现他们目前最大的困扰就是得不到支持。在他们的内心深处，其实都很希望能去轮岗，一方面增长个人见识，另一方面拓宽未来发展，所以大都很感激公司优才库能给他们这个轮岗的机会，虽然说有些强制。可是，就如刚才我们分享的问答反馈一样，要去真正落实轮岗，困难重重啊。我认为，如果我们能够帮他们改善这些困难，后面就会更好！"

黎主管也附和静欣的观点，说道："静欣说的对，目前轮岗就像是一个小型变革，部门领导不支持、轮岗部门不理解、优才学员不得力，三个'不'，就让轮岗历练成了优才的一大难关。"

韦经理这次站在积极面代表发声："正如鲁总经常说的'关关难过关关过，办法总比困难多'，我觉得但凡是变革，这些阵痛都是避免不了的，是必经的一个过程；而且，我、路经理和黎主管经过与 90 多个部门领导面对面沟通后，一方面确实是收集了他们的这些担忧，另一方面也让他们更理解优才库的使命，部分消除、缓解了他们的顾虑。所以，我感觉，经过过去三个多月的实践运作，其实轮岗历练已经比最初时好了很多，正在朝越来越好的方向发展。路经理，你觉得呢？"

大家已经日渐习惯"每个成员逐一发言，最后才是爱国总结"的研讨模式，所以，路经理接着这个话题继续聊："最重要的还是要有清晰的制度和流程表单。刚开始所有人都会有各种迷惑和猜测，但是一旦我们形成机制，将运作流程例行固化之后，很多猜疑的声音就会立刻消失。在这里我要重点表扬一下静欣，她做的这份《轮岗申请报告》确实让大家慢慢地从排斥转为接受，打个不恰当的比喻，就是成功地'温水煮青蛙'了。我有一个建议，就是后续请黎主管把这一份表单做成系统表单，让每个优才都可以自己在手机里申请，自动电子呈批和系统归档，那就更好啦！"

闻言，静欣迅速把《轮岗申请报告》电子档（如表4-2所示）发给大家特别是黎主管进行再次审视，评估表单电子化的可行性。

表4-2 优才学员轮岗申请报告

优才库项目本着为公司培育优秀管理人才的目的而开展，为了拓展优才库学员的思维和提升学员的跨界管理能力，根据公司发布的《优才库人才培育与考评管理办法》，优才库T3级人员在培育过程中要进行非本部门非本职种的轮岗并要通过轮岗考核，这是培育及格和入库的必要条件之一。

我作为T3级优才库学员，为了开展优才库的培育工作，特申请轮岗，申请人信息内容如下：

工号	×××	姓名	×××
原单位部门	×××事业群 ×××公司 ×××部门	轮岗单位部门	×××模块 ×××中心 ×××部
原部门负责人	×××	轮岗部门负责人	×××
原单位负责人	×××	轮岗单位负责人	×××
轮岗开始时间	2020年×月×日	轮岗结束时间	2020年×月×日

在申请生效后，我将在 HRMS 系统上进行实际部门调动，办公地点将搬迁到轮岗部门处，主要负责轮岗工作，直到轮岗结束。

以下为我的轮岗培养计划：

序号	轮岗任务	工作计划	预计产出	预计时间
1	开发新供应商	1. 走访供应商 2. ……	1. …… 2. ……	2020年9月 1—20日
2				
3				

因本次轮岗调动的周期较短，并且性质为临时性的，轮岗结束后我将会调回原部门或继续开展新岗位的轮岗，为了不影响轮岗调入单位的财务与工资额度预算，我在轮岗期间的工资由原单位发放，工资额度仍记账在原单位中。

以上，如有不对敬请领导指正，并恳请领导批准，谢谢！

黎主管看完后，给出肯定的回复："可行，我预计两周内可以完成系统规划，然后在周会上向鲁总汇报。"

我点点头，进入总结环节："今天大家讨论得都很激烈，都特别用心，我给大家点个大大的赞。"说着双手同时向着大家竖起了大拇指，然后继续道：

"轮岗历练是公司优才库项目的重要政策，也是我们意图削薄公司当下又高又厚的'部门墙'的一种尝试。轮岗制的从无到有，一定会伴随着各对关系主体之间的博弈。这种博弈，不仅存在于部门领导与下属优才之间，也存在于轮岗优才和被轮岗部门之间，更存在于原部门与轮岗部门之间。在《吕氏春秋》中有这么一句话说得好：'流水不腐，户枢不蠹，动也。'当管理层开始思考、开始行动的时候，我们的目的就实现了一大半。

"轮岗制博弈，要的就是良性博弈，烈火出真金；优才库项目组的使命就是要把这把火越烧越旺，推动大家之间的博弈愈演愈烈，最终融合在一起！同时，大家要密切关注，及时调控，适时添油，避免中间熄火，特别要提前防范、重点打击投机取巧式轮岗的发生。只要能让一部分优才干部先跳出舒适区，活跃起来，然后再带动其他人，整个公司的人才梯队就能脱胎换骨、光彩照人！伙伴们，你们明白吗？"

"明白！"大家异口同声地回答道。

"梅花一弄断人肠，梅花二弄费思量，梅花三弄风波起，云烟深处水茫茫。"

好一个梅花三弄，好一个风波起！断人肠的优才库项目，在费尽心思落地执行之后，是该看看水茫茫之下的战果如何了……

第五章

破茧成蝶

01　优才养成之路
02　如何发展会员
03　孤勇者闯四关
04　评委三维选择
05　培育连通考试
06　戴上一朵小红花

优才库项目从构思到启动经历逾半年时间，虽然曾因疫情影响而延迟，但确确实实是经过反复思量、辗转筹划、耗时耗力的大变革。

第一期优才班正式启动三个月后，第二期优才报名活动在当年 6 月展开，第三期优才报名在当年 12 月份开启，都完整地经历了本书第三章、第四章所讲述的各环节运作，到 2021 年年中，三期优才班在库学员超过 300 人，其中 T3 学员超过 160 人。经过一年多的历练，不少优才学员成功毕业，正式进入公司优才库，破茧成蝶！

企业管理界流传着一句老话："不仅要低头拉车，还要抬头看路。"非常有道理。而在总裁的理念中，还增加了一句话，就是"不仅要全力向前冲，还要定期回头看"，所以，优才库项目在第一位优才学员成功毕业入库后，就断然开启"回头看"模式，初期主要是由人资模块负责人，也就是本人，约谈已经毕业或即将毕业的优才，进行一对一的沟通，倾听他们的收获和建议，以此作为项目评价和完善驱动！

有用才是硬道理！

有没有用，不是项目组自己的评价，而是要看核心用户的体验与感受。

通过与成功入库的六位核心优才面对面沟通，我倾听了他们的亲身经历与总结。本章展现他们在"破茧成蝶"过程中的辛酸苦辣和成长体会，同时从另一面揭示人才梯队运作项目最有用的精彩之处。

01　优才养成之路

2014 年入职的销售精英谢生，加入公司近六年，担任部门经理已经好几年了，却一直卡在经理这个职位上，没能晋升为高级经理。2020 年成功加入第一期 T2 优才班后，他积极主动地竞选成为班长，在短短的一年时间内，顺利完成三个项目历练和所有的优才任务，在 2021 年 5 月份成功毕业，正式进入公司优才库。

从加入优才班开始，谢生一直停滞不前的职场生涯犹如火箭一般飞速上升，2020 年底成功晋升为高级经理，2021 年底晋升为项目副总监，2022 年晋升为副总监，2023 年成功晋升为销售总监。

每一名优才班学员，在加入优才班之前都会经历一次高管嘉宾面谈，在毕业入库后多半会与我这个人资负责人进行一对一的毕业面谈，特别积极者则会在两次面谈之间主动邀约我展开过程面谈。所以，我和优才库的佼佼者往往会有三次近距离沟通，谢生就是其中的典型代表。

第一次面试的时候，我问谢生："为什么报名参加优才库项目？你想在优才库中学到、收获什么？"谢生的回答很真诚，充满了求知渴望："我加入公司六年了，近三年来一直没有得到晋升，我觉得自己遇到了职场瓶颈，所以希望加入优才库，实现两个突破：一方面是突破自己的职业瓶颈，通过优才库培训聆听公司高层的声音，开阔个人的思维视野；另一方面是突破自己的认知边界，借助来自各个不同部门领域的同学资源和三个跨领域的项目历练，提升自己对公司的全局观认知。"

听了谢生的回答，包含一位副总裁和我在内的三位面试嘉宾，一致给出了肯定的评价。谢生当时还俏皮地反问我们："鲁总、张总，在优才库，我有机会实现这两个突破吗？"

我微笑着点了点头："你所希望的突破，正是我们优才库项目的目标，在这一点上，我们目标一致。至于是不是真的能实现你的希望，重点还是要看你自己，正所谓'师傅领进门，修行在个人'，你越是主动积极，就越有希望实现。你觉得呢？"谢生目光坚定地回应道："谢谢鲁总，谢谢公司给予我们优才库的平台！如果我有机会加入，我一定主动积极、全力以赴！"

谢生是这么说的，也确实是这么做的。在第一期T2班的班委选举会上，他面向五十多位来自公司各个部门的精英们，激情洋溢地表达了自己希望为大家服务的意愿，倡议大家选自己作为班长，最终以远超其他十一位竞选者的最高票数当选班长。在优才班培育期间，他不仅积极组织班级活动，还在全球出差拜访客户的紧密行程中精细化调配自己的时间，以近乎全勤的出席率完成所有培训课程，同时在本部门销售业绩上创下新高。

2020年年底，三年未晋升的他，成功晋升为高级经理。

我与谢生的第二次面谈，是在谢生晋升高级经理之后，他主动约我的。本来我计划邀约一对一面谈的是第一批毕业的五位T2学员，他们在2020年12月份率先毕业。谢生在班级会议中知悉这个情况后，就主动和帮我联系邀约面谈的静欣沟通，希望能安排和我提前面谈。

当时我考虑了好一会儿，也询问T2班的班主任韦经理："谢生现在还没有毕业，他的表现怎么样？我需不需要现在和他面谈？"韦经理查了他在优才班的数据，说道："他因为出差去国外参展，有一次课程缺席，后来在第二期课程中已补上；三个项目目前完成两个，剩下一个也在进行中；作为班长，他的表现非常积极，应该在第二批2021年5月份可以成功毕业入库。我的建议是，如果您能抽空的话，可以和他聊聊，听听他的意见和建议。"

我也非常好奇这位主动积极的首任T2班长对他加入优才库的目标实现程度是否满意，于是就将与他的面谈提到了前面。

2021年某个周一的下午，5点钟，谢生如约来到我的办公室。我请他坐在我办公桌的对面，请同事倒了一杯白开水给他。

开场白是我说的:"听说你去年年底光荣晋升,恭喜你啊!"谢生忙不迭地感谢:"多亏了鲁总给我的建议!以前我的格局太小了,什么事情都喜欢自己干,没有发展团队,虽然兼了两个部门,业绩也还不错,但却一直没能更进一步……"

我忍不住打断了他:"谢生,我给过你什么建议吗?这是我们第一次单独面对面沟通吧,我怎么对你说的建议没什么印象啊?"

谢生笑了笑,说道:"鲁总,您是在给我们上领导力课程的时候,给我提出宝贵建议的。当时的案例分析,我举手回答之后,您在点评时告诉我:'一个人再能干,也只是精兵,不是强将。如果想晋升成高级经理,就要带出能够独当一面的得力下属,这样你晋升了,下面的部门也不会乱,才能达到领导的期望。'您还有印象吗?"

我想了想,好像去年上课的时候有这个场景,于是迷迷糊糊地点了点头。谢生继续说道:"我当时听您这么一说,有一种恍然大悟的感觉,在工作上立刻改变了做法,放弃下辖部门的兼职,开始带领团队、提拔下属,所以年底时才得以晋升。谢谢鲁老师!"说着,谢生站了起来,向我深深鞠了一躬。我也赶紧站起来,回敬一个抱拳,然后请他再次坐下。

谢生坐下后,喝了一口水,正视着我,问道:"我听说鲁总正在找优才学员了解大家对优才库项目运作的评价,是吗?"

"是的,总裁要求要有'回头看'机制,金杯银杯不如大家的口碑啊。谢生,你基本完整地经历了优才库项目第一期的整个过程,我很想听听你的意见和建议!"

谢生双手扶正鼻梁上的眼镜,缓缓地说道:"首先,我对优才库项目是非常认可和赞赏的,特别是对八堂课程和跨领域的项目制。公司给我们安排的八堂课程,都是公司的高管、副总裁或模块负责人给我们授课,非常难得。老师们都是很有经验的实战派,所讲授的都是平时听不到的真实案例,我觉得收获特别大,包括刚才提到的您讲授的'领导力'课程。其中，印象最深的当属独立董事蓝教授给我们讲述的'公司战略'，让我们对公司从小到大的全过程战略发展有了清晰的认知，对我和客户沟通谈判都有很大的帮助。

"而跨领域的项目制运作，对我个人帮助也特别大，因为T2学员必须完成的项目有三个：一个是导师指定的，一个是模块负责人指定的，一个是盲抽的。我目前已经完成前两个项目，感觉大长见识：模块负责人指定给我的是担任某产品的产品经理，要从无到有地横跨区域对某产品线进行全方位的掌握和营销，特别有挑战性，也特别好玩，我完成得也还不错，都有学生时代那种废寝忘食的感觉了；而导师指定的项目是新产品供应链开发项目，因为我的导师是事业群的张总，他对于产品有独到的见解，他本人也是供应链出身，我有幸参与的这个供应链项目，把我的营销视野从单纯的市场、客户扩展到了从供应商到内部二级配件厂、一级总装公司、主计划乃至进出口和船务，虽然没能全程推进项目完成落地，但仅仅是中间的参与讨论，就大大地提升了我的系统思维和全局观。经历这两个项目之后，我才发现原来的我实在是太狭隘……"

听着谢生滔滔不绝地介绍着自己的成长收获，我一时之间感到一种莫名的自豪感油然而生：看看，这就是总裁和人资模块推动的优才库项目，让主动积极的优才抓住机会浴火重生！

"……我有信心上半年完成所有优才任务，成功毕业，坚决不拖您的后腿！"谢生掷地有声的保证让我从遐想中回过神来，我连忙问道："你说了一大堆好的，我很感谢你的积极评价，不过我更希望听到你给我们一些建议和改善方向。"

谢生沉思了一下，斟酌道："新生事物往往都不是很完美的，特别是总会有人在细节上挑出各种小的瑕疵和不足。我觉得，优才库项目组在细节的完善方面还可以继续下些功夫，比如对项目运作的参与程度做出规定和查核。另外，对于一部分人的不理解，也需要多些渠道去宣传和正面沟通，以获取更多的支持，减少大家的误解。当然，这个问题我也还没有细想，所以我回头也去收集了解一下，下次再向您详细汇报。"

"好的，我希望你也能帮我了解一下 T3 学员的运作评价，下次我们面谈时再详细聊聊！"谢生点头答应："可以的，鲁总。刚好我部门也有几个 T3 学员，我和她们也比较熟。"

时间一晃而逝，看看已经接近 7 点，我和谢生愉快地结束了这次面谈。在这次面谈中，我欣喜地看到积极的谢生在优才班成功实现他最初的目标，两大突破各有斩获！

第三次面谈是在谢生毕业入库之后，距离第二次面谈已经过了一个季度。

还是周一的下午，5 点，地点仍然是我的办公室。

两杯白开水，面对面交流。

"恭喜你，谢生，成功毕业进入公司优才库！"我笑眯眯地看着谢生，"我还记得，上次你答应我要帮我了解 T3 学员的运作评价喔！"

"是的，鲁总，我记得的。不过，我有一个问题要先请教您。"谢生明显是有备而来，见我点头后，问道："不管是 T2 还是 T3，我们对优才班这个'T'字的具体含义，都是比较好奇的，能不能请您详细讲解一下？"

"'T'啊，这确实是个好问题。"我舒展了一下双手，站起来走到办公室的白板前，拿起白板笔，在上面画了一个大大的"T"字，继续讲道："这个'T'，首先是 Talent 的首字母，代表的就是人才、优才的意思。其次，它也代表着公司对 T 型人才的追求。什么是 T 型人才呢？简而言之，就是既具有横向广博知识面，又具有纵向专业知识技能的优才。'T'上面的一横表示的是知识的广度，下面的一竖表示的是知识的深度。在公司里面，我们希望这一横所代表的是三个或三个以上岗位的知识广度，在这一横正中央往下的这一竖，指 T 型人才在本岗位的专业深度，他必须成为本岗位的领域专家；而横的两边，指的是 T 型人才要熟悉与本职岗位高度相关的另外两个岗位，要具备这两个岗位的基本知识和操作技能。如果可以的话，我更希望 T 型人才有机会变成 M 型人才，在三个岗位上都成为专家，这样就能更上一步成为部门负责人，乃至多部门负责人了。"

说完，我看着谢生，问道："你觉得怎么样才能让一个主管成为 T 型人才？"

谢生犹豫了一下，回答道："是不是 T3 优才班的轮岗历练？"

我笑着点头道："是的，这就是我们在 T3 优才班设置轮岗历练的目的，就是培养 T 型人才。"

听完我说的话，谢生发出一声苦笑。我问他什么情况，他说道："我本来收集到不少 T3 学员对轮岗历练的诟病，听您这么一介绍之后，我觉得也没有必要说出来了。"

"为什么呢？"

"因为优才养成之路从来都不是一帆风顺的！公司只能提供一些平台、机制和机会给大家，但是只有很少一部分人能够积极主动、抓住机会、迎难而上，从而在磨砺和艰难中进化成为优才；大多数人是光说不练、抱怨不休，自己没有毅力，不能拼搏突破，而且反过来指责公司机制不足或没给机会。"

"现在公司优才班里这种人多吗？"

"第二种人还是占多数的，不过第一种人也有不少。我认为，鲁总，优才库项目已经给了有志向、愿努力的干部们一个很好的平台，没有必要追求让所有人都满意！"

"是啊，你说的对，优才养成之路从来都不是一帆风顺的！优才库项目要做的是为公司发展和战略实现提供人才的保障，这有两方面含义：一方面是选拔、培育来之能战、战之能胜的真正优才，比如像谢生你这样的；另一方面是开启众智、上下齐心，追求上下同欲者胜。"

我顿了顿，端起茶杯抿了一口，然后继续说道："所以，T2 学员中，积极优秀者能掌握平台机会，投入额外时间，全程上课，跟导师联络，扎实完成三个项目历练，实现成长蜕变；T3 学员中，主动拼搏者能花 200% 的努力去完成三个轮岗、太极拳练习和师傅交办的各项任务，成为真正的 T 型经理人。但是，其他的优才学员，我们也不能忽视，要尽量引导他们向前者看齐或靠拢，要尊重、倾听他们的意见和建议。你觉得呢？"

　　谢生听完之后，抬起头看着我，说道："鲁总，我觉得您说的对。那我接下来就向您汇报一下我收集到的优才学员的反馈评价……"

　　改善，永无止境！

　　优才养成，一直在路上！

02 如何发展会员

"鲁总，您的时间真的很难约啊。我好多次经过您的办公室，要不就是看到您不在，要不就是一堆人在开会……"

坐在我办公桌对面吐着苦水的正军，2000 年进入公司，在开发系统一干就是十五年，后来抓住一个新产品项目的机会，转型成为工厂负责人，可惜因经营不善，新产品工厂老是亏钱，两年后被迫降职，重新回到开发部继续干老本行，但成为经营者的梦想犹在，于是在 2020 年主动申请成为第一期 T2 优才库学员（2021 年 8 月毕业进入优才库，2022 年重新担任工厂负责人，2023 年所带领的工厂年度业绩居于所属事业群之首，晋升为项目副总监）。

2021 年开春不久，"回头看"一对一 T2 优才面谈机制正式启动。本来我也没有计划邀约正军一对一面谈，因为他不是第一批毕业的优才，可是，耐不住他多次约我，积极主动地微信来微信去的，也不好太冷落他；何况他担任工厂负责人的那两年还和我有过不少交集，我办公室里用惯了的产品就是他所在的工厂生产并由他亲自送过来的，所以，在 5 月份某个阳光明媚的周三下午 5 点，我邀请他到我办公室一起喝白开水、畅聊。

"是啊是啊。这段时间都忙得不可开交，要不就是去开会，要不就是在去开会的路上。感谢你对我的特别支持和关注！"通过一番感谢缓和了正军的情绪后，我问道："我听韦经理说，你还差一点点就可以毕业进入优才库了，是吗？"

正军闻言，本已缓和的情绪又激动起来。他突然站了起来，不到两秒钟又坐下，说道："鲁总，对于优才库项目，我觉得大多数都是特别好的，不管是做项目、接受高管培训、读书写读后感还是 T3 的轮岗历练，对我们这些管理干部来说，都是很难得的成长机会。可是，有一个方面我觉得还是应该彻底改一改才行。鲁总，我有一个建议，不知当讲不当讲？"

经过一番起起落落之后，确实令人刮目相看啊，原来直来直往的开发直男，现在说话也颇通技巧了。我心里想着，嘴角露出一丝微笑："正军，我们俩这么熟，就不用见外了。今天找你聊的重点就是优才库项目，有啥建议尽管说，我洗耳恭听！"

"我这个建议之前也和韦经理说过，但是没有任何反应，估计她也没有重视。"正军骨子里还是开发工程师的直性子，张口就背刺了韦经理一刀。我听后心里不自觉地对韦经理嘀咕起来：按照韦经理细心周全的性格，不至于这么得罪人吧，尤其是 T2 优才学员？

"很多事情韦经理也做不了主，她就是一个执行者。"我帮韦经理圆了两句，然后问道："有些事情，我都做不了主，你也知道，这个项目是总裁重点战略项目。不过，如果你的建议是可行的、有效的，我一定大力推动促成。当然，如果要太多资源投入，现阶段可能暂时不行啊。你说说看，具体是啥情况？"

这几句话连消带打，起了效果，正军也不再埋怨，斟酌着说道："我这个建议是不需要公司投入额外资源的，相反，还可能减少投入，特别是我们这些学员的投入。您刚才提到我还没有毕业，主要原因也就在这里。"

"哦？"我顿时来了兴趣，连忙追问，"你没毕业，不是因为项目没做完或者课程没上完吗？"

正军摇了摇头，继续说道："项目和课程、考试我都完成了，但是目前卡在和导师的有缘人任务没有完成。鲁总，您说说看，我现在工作这么忙，每天都要接很多新产品，组织推动开发，还兼了工程部的工作，哪有时间天天去完成那些稀奇古怪的有缘人任务啊？"

"有缘人任务"，是对优才库学员额外设置的增进师徒关系的一项机制，主要就是由学员将其导师设置为有缘人，然后在系统中随机抽取三个任务，要求在指定时间内必须和导师一起完成。有的任务比较简单，可能就是"连续七天早上或晚上微信问好"，或者"送个礼物给老师，一起拍个照"，就可以结案了；有的任务可能比较有挑战性，比如说"和有缘人一起去游泳或者泡温泉"等，如果两人性别相同还行，若师徒是异性的话，可能就难度倍增。

看着正军一本正经地吐槽"有缘人任务"，我突然觉得很有意义，因为对于开发直男而言，最缺乏的就是主动完成服务式任务所需的服务意识。我忍不住询问正军："你抽到了什么有缘人任务啊？是和导师游泳、泡温泉吗？"

正军又摇了摇头："不是的，如果是这些的话，倒还简单啦，我请陈总去一下就是了，反正我们两个都是男的，以前团建时也去过的。我的建议啊，就是能不能取消有缘人任务，或者至少把那些刁难性的、耗时费力无价值的任务从清单中清除掉？"

"有缘人任务不能取消，这是和导师建立更深关系的保障机制。你想想，没有这个优才库任务要求，你请陈总吃饭，他可能答应你吗？"看着正军点头认可了"有缘人任务"的存在价值，我继续说道："很多任务，看上去是耗时费力无价值，实际上却有它背后的意义。比如说T3学员有一个开发'我爱我家'六个会员的必选任务，很多人认为很难，没有价值，实际上它考验的就是一个管理干部的推销能力和沟通技巧，还包括对产品的选择眼光。之前韦经理说有学员反馈这项任务可否取消，都被我骂回去了。格力还在推动全员营销呢，如果我们的干部没有一点点营销意识和推销能力，怎么能带好团队，怎么能处理好和兄弟部门的协同关系呢！"

我说得兴起之际，突然发现正军脸色不好看，就停了下来，问道："正军，你怎么了，身体不舒服吗？哦，对了，你还没告诉我你抽取的有缘人任务是啥呢！"

正军支吾几声，眼神有些闪躲，最后苦笑了一声，摊开双手，看着我，说道："鲁总，您不是早就知道了吗？就别寒碜我了。"

我一愣，瞬间明白了过来，大笑道："你不会就是抽中了发展'我爱我家'会员的任务吧？"

正军黑着脸，点了点头，恨恨地说道："可不是咋地，这个任务可把我给坑惨了！"

"说说看，难点在哪里？"

"我抽中的有缘人任务有三个，其他两个都已经顺利完成，这第三个任务，就是要和我的导师陈总一起，发展六个'我爱我家'新会员。本来我以为很简单，随便找六个公司员工让他们去'我爱我家'平台上买一件公司产品就行了，反正公司的内卖平台上给员工的内部价也便宜，只有外面市场价的60%。结果我一问我的部门同事，顿时就傻眼了。"

"那是什么情况？"听开发部高级经理绘声绘色地讲着自己亲身经历的故事，这可是不容易的事情，所以我饶有兴致地适时发问，扮演好一个捧哏的角色。

"我下面两个部门的所有同事，都在'我爱我家'内卖平台上买过东西，所以他们都已经成为会员了。你说，那我到哪里去发展新会员啊？这不是折腾人吗！"

"确实，这是一个难点。你有没有去问问'我爱我家'的人，看哪些人是会员，哪些人不是啊？"

"我问过平台负责人谢经理，他也发了一个我们工厂的会员清单给我。我看了一下，大概80%都是会员，剩下20%不是会员的，基本上都是一线工人。他们每天在生产线埋头苦干，哪里会有空为了我买个公司产品、成为'我爱我家'会员呢？"正军指出这个任务真正的难点所在。

我点了点头，很是同情地看着正军，问道："那你觉得还有什么法子吗？"

正军第三次摇了摇头，说道："我的建议就是把这个任务从有缘人任务清单中取消。每个人专心干好自己的活，'我爱我家'要发展新会员，让他们自己去想办法。"

摇头是会传染的，听完正军重申他的建议，我也禁不住摇了摇头，反问了正军一个问题："正军，冒昧地问你一个问题，你觉得你为什么会从工厂一把手的位置退下来？"

提起伤心事，正军有些伤感，下意识地回答道："业绩不好啊！也怪我运气不好！"

"仅仅是运气不好吗？你觉得那两年工厂为什么不挣钱呢？"我继续追问道，"工厂新项目不少，为什么最后到手的订单却不多呢？"

正军低下头认真地思考了一会儿，然后抬起头望着我，说道："可能因为我和业务的互动还是少了一些……"

"你清楚业务的具体需求吗？从业务那里，你了解客户的真正需要吗？你觉得现在工厂的一把手工作重心在哪里？"我索性和他敞开了分析，"你是研发出身，产品开发你是一级棒的；而你的弱项，就是营销和成本控制，这两项正是接替你担任一把手的黄总所擅长的。你觉得对不对呢？"

正军一惊，细细思考后连连点头："鲁总，你说的对极了。正是如此！"

"那你应该怎么提升你的弱项呢？如果你还希望自己成为经营者、工厂一把手的话，这两个弱项你必须改善才行。"我继续问道，"你仔细想想，有没有觉得发展'我爱我家'新会员这个任务，与你找业务、找新客户接订单有些像呢？"

正军略一思考，又点了点头："是的，确实很像。如果我能找到没有买过'我爱我家'平台产品的人，成功鼓动他们去购买，我的营销思维短板说不定就补上了！"

"不仅如此，如果一线员工确实不愿意买，你有没有想过自己花钱、以他们的工号去买内卖平台上性价比最高的产品,让他们成为新会员,同时感激你,而且你的任务也轻松完成呢?而怎么挑选性价比最高的产品,这就要看你的成本控制水平了。"

正军第三次点头,眼神亮了起来,充满生气地看着我:"鲁总,我明白了。谢谢您的提点!"

……

一个多小时的面谈时间转瞬即逝,此次面谈之后,正军对我特别客气,每年都会让我推荐阅读书籍。

2021年8月,正军完成所有任务,成功毕业进入公司优才库;一年后,他运气转佳,重新担任工厂负责人;又过了不久,凭借名列前茅的工厂业绩,正军获得了久违而来之不易的晋升!

03　孤勇者闯四关

"爱你孤身走暗巷，爱你不跪的模样，爱你对峙过绝望，不肯哭一场；爱你破烂的衣裳，却敢堵命运的枪，爱你和我那么像，缺口都一样！去吗，配吗，这褴褛的披风；战吗，战啊，以最卑微的梦……"

每次听到陈奕迅的这首《孤勇者》，心中都禁不住有一股热浪涌上来，我深刻感觉到，这就是公司优才库项目中众多优才学员的真实写照。

与第一期 T2 学员宝库的一对一面谈比较自由惬意，因为我们是在饭桌上边吃边聊。虽然因为要开车而没有喝酒，两人却也聊得很尽兴。

宝库，2006 年加入公司，历经多个岗位挑战，先后负责过供应链、物流采购和品保工作，本来公司想培养他成为某职能中心的负责人，他自己却一心一意要成为工厂负责人、做经营者。在加入第一期 T2 优才库之前，他曾经的下属都已和他平起平坐，成为项目副总监，全面负责某职能中心的工作，而他仍然只是工厂的第二负责人；2021 年年底成功毕业、正式进入优才库后，他晋升为项目总监，成为工厂第一负责人；2023 年，他如愿以偿晋升为总经理，实现了长期以来的经营者梦想。

"宝库兄，我感觉这首《孤勇者》好像就是为你写的一样，里面的很多歌词都和你的经历很像，而你的坚持精神也很有这种气质！"我敬了宝库一杯茶。我刚加入公司的时候就和他打过交道，因为性格相仿，都比较直爽，也都不太喝酒，所以我们很快就相识相交，说话也比较走心。

"是啊，我觉得自己也是。我家孩子特别喜欢唱这首歌，我自己听过几次后也很有共鸣！"宝库一口喝光了杯中茶，随手拿起茶壶，把我的茶杯和他的茶杯都满上，然后说道："你今天找我聊优才库，主要想了解什么呢？"

"本来要约你到办公室聊聊的，结果你一定要请我到这里边吃边聊，这真是让我有些开不了口啊！"我剥了颗花生，扫视了一下包间四周，"这个房间布置得很有创意啊。看得出来你对这边很熟，经常来吗？"

"有时候请重要客户会来这里。因为这里比较私密，菜式也很有创意，当然价格也不便宜。"宝库非常熟练地和我闲聊着，曾做过供应链管理负责人的他对谈判很有心得，与朋友聊天同样如此。

感受到他传递过来的对我的重视，我笑了笑，再次举起茶杯："谢谢宝库兄！这一次我就不和你争买单了，下次如果再聚就要算我的。"

喝完这杯茶，我言归正传，问道："宝库，你作为第一期T2学员，完整地经历了T2优才班的各个阶段，让你印象最深刻的是哪个环节？"

宝库想了想，认真地看着我，回答道："我其实最感兴趣的还是最开始的'三选'，特别是'选方向'这里，我觉得从公司培养人才的角度而言，这一项非常重要。"

"'三选'就是选方向、选导师、选项目，你当时选的是哪个方向啊？"

"那还用说，肯定是坚定地选择经营者啊；根据方向，选择了张总作为导师，他对我的帮助也是很大的。"

"是啊，从最早认识你的时候，你就想成为经营者，后来辗转了好多个部门，从总部到配件群，最后又调到现在这个群的群办，负责品保和物流两大部门，结果你还是要下工厂，颇有些不依不饶的坚持劲。说真的，我挺佩服你的。"回想起过往这些年宝库的坚持，我有些唏嘘，接着说道："恭喜你，终于守得云开见月明啊！"

"这还要多谢你这些年多次帮我向总裁转达我的想法，总裁才最终给了我这个机会。"回忆往昔，宝库也颇多感慨，说道，"我差一点都坚持不下去了，因为总是提要求下放到工厂，每次领导都说看机会，结果每次都是擦肩而过，眼瞅着就老了，幸好还是坚持下来了。啥都不说了，这杯茶我先干为敬！"

"有志者，事竟成！这方面我还要多向你学习才是。"我顿了顿，脑袋中突然想出了一句话，脱口而出："孤勇者闯四关，对，就是孤勇者闯四关。宝库，我觉得你在公司的经历就是孤勇者闯四关，终于通关啦，前途一片大好！"

宝库笑着，掰着指头数了数："也算是啊，最早在配件群做品质，第一关；然后转到PMC部，第二关；后来做供应链和物流管理，第三关；最后在群办负责统筹物流采购和品保，第四关。花了15年时间，闯过了这四关，我才终于成为工厂的第二负责人。对了，马上就是第一负责人了。"

话锋一转，宝库看着我，又聊到了优才库，说道："其实，你们搞的这个优才库，最初我是觉得没什么用的。"

"啊，为啥呢？"我忍不住追问道。

"因为公司以前搞过很多这种培训班，我基本都参加过，结果都只是走一个过场，没什么帮助；或者说，有些帮助，但实战用途不大。"宝库一边倾吐着心声，一边观察着我的反应，发现我没有生气，然后继续说道："比如说上一期的经营者训练营，所上的11堂课，我都去听了，发现这些课程走了两个极端：要不就是我已经实践过、踩过坑，上课听过后有同感，不过却是马后炮；要不就是短期内压根就用不上，因为不是那个位置的，不在其位、不谋其政。"

我点了点头："你说的对，这也是总裁认为公司没有人才梯队，叫停了经营者训练营，要我们大力推出优才库变革项目的原因所在。你的观点跟总裁之前和我提过的很相似啊！"

宝库眼神一亮，兴致勃勃地继续说道："我之前以为优才库也和经营者训练营一样，就只是上上课而已，如果是那样，就真的没什么意思。结果加入之后，发现完全不是那么回事，这下把我的兴趣调动起来了。我很负责任地说，如果你们能按照第一期的这种方式坚持做下去，公司未来发展所需的人才缺口，优才库肯定可以填补90%以上。"

"这么高的评价？哥，你这简直是给我打了一剂强心针啊，先谢过了！不过，真的有这么好吗？"

"你也知道我这个人的，一向都不喜欢说大话。从我亲身经历过后的认知里，我觉得，优才库的整体运作，也可以按照你刚才说的——孤勇者闯四关，让人才成功蜕变、上个新的台阶。"宝库夹了块鱼肉放到我碗里，意味深长地把"孤勇者闯四关"这句话送回给我。

"优才库运作，孤勇者闯四关？"我重复着这句话，向宝库抱了个拳，说："愿闻其详！"

"我说的不一定全对啊，只是我自己的感受。"宝库感受到了我的郑重，先给我打了个预防针，然后正色说道："我是个孤勇者，其实大多数加入优才班的学员都是孤勇者，我们在公司都很多年了，一直被困在自己原来的圈子里，上不去也出不来。所以，很多优才学员和我一样，都非常感激总裁和你举办的这一次与以往不同的优才库变革项目。

"我所感受到的闯四关，可能和你们设计的不一致，这是我自己觉得对我这个阶段的管理者来说，能带来成长、挑战和收获的四关：第一关，刚才已经说过了，就是选方向，这是对管理者的灵魂拷问，到底要往哪个方向发展，要怎么明确目标，然后聚焦目标发力。对于我来说，过去五年，我的目标很明确，就是经营者，所以在选方向上，我没有太多纠结，这一关对我是顺理成章，但是对其他很多的优才学员来说，他们以前都没有静下心来思考过这个问题，这一次，让他们有了深思和审视的机会，过了这一关，他们的前景和决心就能明确很多。"

"我很理解你说的这一点，因为我感同身受。总裁在2016年就问过我，未来的发展方向，是去制造工厂，还是职能管理？还问我要不要去注塑制造，因为当时我管着注塑中间仓项目。最后我选了职能管理，然后就慢慢地成了人资模块负责人。"我向宝库诉说了我的这一段经历，然后忽然明悟到，总裁其实正是将他个人的管理精髓注入优才库项目之中了。

宝库羡慕地看着我，说了句："你小子就是运气好，遇到了总裁，把路都给你铺好了。"

我咧嘴一笑，端起茶杯和他碰了一个："你运气也不差啊，工厂经营者；我俩都是运气好的人，好不好？快，继续说说第二关。"

"第一关是选方向，选定方向之后，要闯的第二关就是选导师。这一关对我来说非常有帮助，第一点是选择的导师要是非本模块的上级领导，第二点是选择的导师要比自己的级别高两级以上，第三点是选择的导师最好和所选方向直接相关，这就让我有了更开阔的视野空间。不光是我，在此之前，公司内的大多数管理干部都是深井中的蛤蟆，只能坐井观天，完全没有机会跳到井外去看看。"

"这是为什么呢？"我适时插了一嘴，问道。

"因为上级领导会比较在意这一点：我的人凭什么胳膊肘往外拐，去找其他领导请教啊？其他领导也会有顾忌：不是我的人，我凭什么要指点你啊？但是，上级领导在教自己的下属时也有顾虑：会不是教会徒弟饿死师傅啊？这就陷入了一个管理的死循环，无解。"

"你说的这种情况确实很普遍，各个公司大同小异。"

"所以啊，优才库项目的'选导师'就是我说的第二关。有的人还顾忌这顾忌那的，没有好好地闯这一关，而我就不一样，我早就想找一个大格局的事业群老总做我的导师，所以制度一出，我立刻就邀请到了张总。他对我的帮助很多，因为他也是过来人，很多时候我想不通的事情，他稍微点一点，我就豁然开朗了。"

我给宝库竖了个大拇指："机会总是留给有准备而且肯负责任的人的。"

宝库又喝了一杯，继续说道："我认为的第三关，不是做项目，也不是培训课程，虽然这些你们也都设计得很不错，但是，对我而言，它们给我带来的收获不是太大。"

真是"语不惊人死不休"啊，我被宝库的"第三关"给吸引到了，赶忙说道："你不愧是采购出身，讲话很有艺术技巧，成功地吸引了我的全部注意力，佩服、佩服！请问，你认为的第三关是什么呢？"

"对我而言，优才库的第三关，就是人脉关系关。我很佩服你们天马行空的想法，居然要求我们在毕业前必须收集班上超过 2/3 的同学对自己的满意度评价，而且要平均达到 4 星以上才行，不然就不能参加毕业考试。这是谁想出来的损招啊？"

我忍不住摸了摸鼻子，大喊了一声："那都是总裁的指示！"随后又笑着承认道："总裁指示了大方向，具体的小心思都是我们项目组商量着设计的，本人应该就是始作俑者的大头了。对了，我们的要求是综合评价不低于 3.5 星就可以，不是你说的 4 星。"

宝库给我竖了个大拇指，说道："可能是我记错了。不过，这一招虽然有些损，但确实还是挺有效的，因为上课上了一半，班上 50 多个学员之间，有一大半还没有什么互动，平时也没有机会接触，接触多的就是我们那一组的学员。结果你们的硬性要求一出，大家跨组的积极互动就多了起来。以前看到都不太打招呼的，这之后互相之间也都频频发微信，给评价二维码，要求给个好评，感觉一下子都年轻了 15 岁啊！"

"那这一关对你有什么帮助呢？"我还是对宝库所说的"项目、课程都不如这第三关的收获大"耿耿于怀，所以追问道。

"主要的收获有三个：第一个，就是真正地建立了不少同学人脉关系，大家从以前的泛泛之交，变成了可以互相帮忙的朋友；第二个，就是和海外业务、总部财务、研发、品质、效率等职能部门建立了友善关系，以前这些部门都是高高在上、可望不可即，现在都有说有笑有商量了；第三个，是解开了以前的很多误会，以前的一些意气之争，在同学聚餐时的推杯换盏之间，发现也就那么回事，不值当。"

我有些不太理解："你们以前做这样的沟通很难吗？"

宝库瞟了我一眼，没好气地说道："你当然不觉得啊，你以前是总裁办主任，拿着尚方宝剑做事，谁敢不搭理你？现在又是人资负责人，掌管人事大权，谁不要好好巴结你？真是不当家不知柴米油盐贵，哪里知道我们下面这些工厂底层的苦啊！"

看着宝库一副苦大仇深的样子，我摇了摇头："算我没问这个问题，行不？家家有本难念的经，凡事都有好有不好。你们工厂不容易，我们职能也不容易啊！"

"那倒也是，我们工厂是一切跟着业绩说话，业绩好收入高，业绩不好奖金就腰斩，有时候就像坐过山车一样；你们职能单位是旱涝保收，工厂不景气的时候，你们取中位数，也饿不死，工厂业绩很好的时候，你们还是中位数，撑不着。"

看我点头认可了他的话，宝库就继续往下说道："第三关，人脉关系关，对我这种经营者，特别是工厂第一负责人来说，有比较大的帮助。而第四关，考核考试关，对我个人的能力提升有鞭策效果。你不知道吧，我第一次项目评审就没通过，被刷下来了。"

"哦，是吗？"我笑盈盈地揶揄道，"难得呀，你也有这种经历？"

宝库难得一见地脸红了，苦笑道："可不是嘛，谁知道当时的评审嘉宾康总这么严格。不过，那个项目我确实没有太认真准备，项目报告写得也很马虎。第二次精心准备后，我就顺利通过了。这次教训告诉我：凡事都须认真对待，特别是亲自报告时，一定要认真准备好每一个细节。"

"恭喜宝库，听说你现在各环节都已经通过，下一批就可以毕业了，是吗？"

"是的，我感觉现在自己已经走出了舒适区，看了导师推荐的三本书后，又重新养成了阅读的习惯。"

"厉害！你能再重复一下你提炼的优才库'孤勇者闯四关'吗？我记录一下。"

"好的，宝库版优才库孤勇者闯四关：第一关，明确方向；第二关，优选导师；第三关，人脉关系；第四关，考核考试。对，就是这四关，全身心投入地闯过了，就是一片新天地。"

谢谢宝库兄！

2021年年底，第一期T2学员宝库从优才班毕业，成功进入优才库，晋升为项目总监，被任命为工厂第一负责人；2022年，他成功开拓新产品线、引入新客户，所负责的工厂业绩大涨；2023年，他晋升为总经理。

好一个宝库，好一个"孤勇者闯四关"！

04　评委三维选择

第一次项目汇报评审没有通过的，不只宝库；据我所知，约了下午5点和我面谈的第一期T2学员达胜也是其中一个。

"达胜，1985年出生，湖南人，2007年加入公司，从生产一线员工做起，先后担任过拉长、技术员、开发助理工程师、开发工程师、高工、开发部经理，现任××工厂高级经理、第一负责人……"

看着手头的这份个人简历，想起与达胜的相识场面，我忍不住笑了起来。

最早知道达胜，还是在人才招聘中心的办公室里。那是某年开春上班的第一天下午，我准备的几百个开工红包被一扫而空。为了避开络绎不绝来拜年的员工，我躲到远离总部的人才招聘中心，坐在里间的办公室里，思考着年初的人资工作安排。外面的办公室里只有招聘专员喜爱在坚守岗位，不停地打电话给候选人。过了十来分钟，我突然看见喜爱站起身招呼从外面进来的一个中年男人："达工，您总算来了！现在这些开发工程师真的很难招，我好不容易约了六个，他们愿意接受电话二面，就看您的了！"一个好听的男中音说道："好的，谢谢喜爱，我来和他们说。"

"喂，你好，我是开发部经理达工，非常希望你能来我们公司……什么？你说我们公司加班太多？没有啊，你听说的可能是其他部门，我这个部门每周都必须有一个晚上不加班，而且我们从来不强制加班的……"

"你好，我是达胜，听说你以前也在我们公司干过，是哪个部门啊？……你说奖金发得低？我们单位的效益是非常好的，每次新项目都特别多，做不过来，我们的奖金也是各单位里最高的。你也可以去了解下，我达胜对部门的开发工程师都是非常公平的，每个人都有很多项目，每个人的开发奖金都很多……"

"你好，我是达工，我们现在急需开发工程师，你能不能这个月报到？越早越好……哦，你担心和工程部门会有扯皮，不用担心，我们的开发部和工程部关系很好的，何况，就算你遇到解决不了的问题，还有我啊。放一万个心，尽快过来，我们的团队都很友善的……"

听着外面办公室里达胜接二连三的电话面试和回答面试者的各种难题，我忍不住笑了，这真是一个淳朴、有信誉度、身先士卒的公司好干部啊……

"咚咚咚"，一阵有节奏的敲门声打断了我的回忆，抬头一看，达胜站在办公室门口，朝着我说道："鲁总，下午好啊！不好意思，早到了两分钟！"

我赶紧站了起来："没关系，进来吧，请坐！"我指着办公桌对面的椅子，邀请达胜坐了下来，然后喊道："静欣，帮我给达胜倒杯水。"

达胜的头发剪得很短，人显得很精神。他坐下后，连忙招呼我："鲁总，您坐，您坐！"

我顺势坐下来，笑道："达胜，好久不见，这个发型很酷啊，感觉你更年轻了！"达胜有些腼腆地挠了挠脑袋，憨厚地回答道："白头发越来越多，索性就都剪了。现在烦心的事太多了，感觉自己都老了好多。幸好有机会过来向您取取经，顺便诉诉苦。"

"现在开发工程师好招吗？"想到刚才的回忆，我忍不住问道。

"还可以，我们单位不缺开发工程师，隔壁单位的缺口有些大。"达胜有些自豪地说道。

"那还蛮不错的，看来你的领导力提升了不少啊！"我顺口夸奖道。

一阵寒暄过后，进入正题。待达胜喝了一口水，我正色问道："达胜，恭喜你今年 5 月份从 T2 优才班毕业，正式进入公司优才库！这次请你过来，我主要是想了解一下你对优才库的看法。请你分别谈谈，你认为的优才库好的三个方面和需要改善的三个地方。"

达胜担任单位第一负责人也有一年多了，谈吐日趋成熟。听完我提出的问题，他认真思考了半分钟，方开口说道："能从优才库毕业，要感谢鲁总和班主任韦经理的支持。对于优才库项目，我过来前也想到您可能会问我这些问题，所以提前做了一些整理。不过，好的方面可以提出很多，不止三个；需要改善的地方，我只想到两个。"

"这太好啦，达胜，现在都已经能未雨绸缪了，厉害。那你打算先说好的方面还是先说改善建议呢？"我把选择权给达胜。

达胜挠挠头，说道："我估计您是想听改善建议，那个是重点，我就放在后面详细说说。先说我觉得可圈可点的几个方面：第一个，T2优才班刚好是我担任单位第一负责人时加入的，其中很多课程对我来说恰到好处，所以特别感激。"

我点了点头："你的运气确实不错，不过，估计你的时间也很紧张啊。"

"是的，幸好每次课程都是排在周六上午，我把周六的会议都调开了，每一堂课都没有落下。这些课程的讲师都是公司的副总裁或模块负责人，要不就是外面的教授专家，讲得都非常好，对我来说，就像及时雨一样，让我非常有收获。"

"这个我理解。那第二个方面呢？"

"第二个方面就是360°评价，这让我很震撼。我原来以为自己已经很成熟了，我的下属和同事应该对我都很认可，结果，你们的匿名评价结果一出来，把我吓了一跳，居然只有3.2星、3.1星。我还以为怎么都能到3.5乃至4星以上呢。我的导师仔细帮我分析了一下，我自己也认真看了看对比，确实有一些方面我太自以为是了。另外，直属领导就我的胜任力素质提出要改善的三个方面，也让我有了更明确的努力方向……"

这个可是一个新的发现啊，我把360°评价这一项记录了下来，想不到这个无心插柳，对部分管理干部还是有帮助的。

"另外，胜任力素质自我测评对我也是一个很好的提醒。自从 2007 年加入公司后，我从来都没做过什么测评，这一次测评的结果，虽然差强人意，但也给我一种全新的体验。特别是在价值观吻合、自我驱动、建设学习型团队三个方面，我的得分偏低，我也在思索如何进一步提升……

"还有导师的指导、项目的运作，也都给了我不少启迪……"

因为有些内容此前其他优才学员在面谈过程中已经提到过，所以我很快速地完成了达胜提出的优才库正面评价的内容互动，这里也不再赘述。

接下来，才是重头戏。"那么，达胜，好的方面你已经讲了一大箩筐，我们也会继续保持、发扬光大，希望你对其他人也能帮忙正面宣传一下。接下来，我非常期待你亲身体会优才库运作后的改善建议！"

达胜又喝了一口水——这已经是我给他加的第三杯水了——然后叹了口气，问我："我突然觉得这些建议也不一定对，要不我就不讲了吧？"

"扯淡！"我笑骂了一句，然后鼓励道："我们也这么熟了，没有绝对的对错，你也不用担心讲错了我会给你穿小鞋，咱不是那号人。你就着你的感受直白地讲就行啦。"

听到了我的口头保证，达胜憨厚地笑了笑，这才开口说出他的建议："我的两个改善建议都和'项目制'有关。因为我们要完成三个项目，少一个都毕不了业，所以项目花了我不少时间和精力。在这个过程中，我也察觉到有两个地方真的需要好好改善一下，不光是我，很多优才学员都有这种体会。

"第一点，我觉得项目选择，特别是第三个盲选项目不太严谨，需要更慎重一些；第二点，我认为项目评审太过随意，没有评价标准，一致性也比较差。"

我再一次端起水壶，给达胜的纸杯加满水，也给自己的水杯加了一些。我举起水杯，向达胜示意："你说得很中肯，来，我敬你一杯！"

两个人碰了杯，我继续说道："目前第三个盲选项目是由各单位负责人提供给干部管理部的，优才库项目组对这些项目进行分析归类，归入五个方向类型，再由干部管理部找到你们 T2 学员，依据你们自己所选的方向进行对应项目的随机抽取，过程还是比较复杂的。你刚才提到的第一点，说盲选项目不严谨，主要指的是哪个方面？"

达胜详细解说道："有两个方面，一方面是单位提供的项目清单，因为我自己就是单位负责人，所以知道这些提报的项目有些随意，有的并不是真正的待进行项目，有的是已经完成的或正在进行的项目，这就会导致盲选抽到这些项目时，T2 学员没有办法真正地有效参与；另一个方面，就是干部管理部给我们盲抽项目的时候，没有考虑到地域和竞争单位的区分，比如我，此前抽到的项目是外地厂区的，很难过去啊。"

"你说的这种情况确实是存在的。那你的具体建议是什么？"

"我的建议包括两个方面，第一个，干部管理部收到各单位提交的项目清单后，要定期去确认这些项目的进度状况并对优才班学员公布，毕竟优才班学员抽取项目的时间不确定，若是下半年抽取，说不定项目都已经结案了；第二个，如果真的抽到了不合适的项目，比如我抽到了安徽厂区的项目，是不是可以申请重新抽取，最好能建立这种机制，明确下来。"

我给达胜竖了个大拇指："这个建议很好啊，我立刻记下来，后续要求每个季度收集更新一下各单位的项目执行进度；第二个建议也很好，后续我们明确抽取规则，让你没机会抽到外地厂区的项目，外地厂区的学员也不能抽取总部的项目。"我一边说着，一边记录下来，并用微信发给负责干部管理的路经理，告诉他将这个建议纳入下周项目例会讨论范围。

达胜看到我很重视他的建议，非常高兴，继续说道："对于第二点，目前的主要情况就是项目评委评审的要求有高有低，有的评委评审很专业、很严格，对项目报告者的要求就很高，比如说康总，所以我第一次项目报告遇到她就被刷下来了，宝库他们几个也是这样的；可是有的评审比较好说话，打分时手下留情，所以有的学员的项目报告还不如我写得好，甚至项目的五个过程都没写完整，结果运气好，遇到放水的评委，也就一次通过了，这显得很不公平！"

"那你觉得是遇到严格的评委比较好，还是遇到放水的评委比较好呢？"

达胜不好意思地笑了笑，答道："从个人能力提升角度来说，当然评审越严格对我们越有帮助，不过，有时候赶时间，还是希望能够运气好些，一次过了也挺好。"

"是啊，优才库希望培养的是真正的优才，运气好也行，但不能每次都靠运气啊。所以，你的这个建议也提醒了我，后续项目评审，一定要坚持两个维度，第一个是要邀请一个严格要求的副总裁作为主评审，我待会儿就打电话去感谢康总，谢谢她对你和宝库等人的严格要求；第二个就是一定要明确项目报告的标准，项目报告不过关的，就不同意进入汇报环节，让那些对项目管理都不清楚的学员没办法蒙混过关。你的这个建议很好啊。对这两点，你还有什么补充吗？"我比较擅长举一反三，就着达胜提出的问题建议，很快做了延展完善，同时也用微信通知负责项目评审邀请的韦经理，让她把这个提案纳入下周例会讨论范围。

"嗯，我建议增加一个项目管理课程，特别是项目管理结案报告的标准格式讲解，可以作为T2学员的选修课，让那些以前没有正式做过项目的学员有机会学习怎么做项目和准备项目报告PPT。"达胜沉吟了一下，居然还给出了一个很不错的补充建议。

"好，就按你说的办。谢谢达胜啊！"

一番沟通交流之后，达胜匆匆赶回去开他6点半的单位会议了。

我坐在办公桌前，拿出电话，打给了康总："康总，您好。我刚和您下面的单位负责人达胜聊完，他说您之前作为优才库项目评审嘉宾，对他的项目报告严格要求，第一次判定不通过啊……是啊，他对您特别感激。我这次打电话给您，也是感谢您对优才库项目的大力支持，顺便想听听您的建议……什么？您是说希望能够对项目评审有一票否决制，就是主评委认为不合格的，就必须打回重做，是吗？……好的，我非常认同您的观点，我想想怎么落地。再次感谢您！"

挂了电话后，我在笔记本上写下"评委三维选择"六个大字，在大字下面依次写出三个维度：

维度 1——评委选择要求：评委需 3—6 人，其中必须有一位副总裁级别的领导作为主评委，其他评委的级别不得低于学员级别。

维度 2——主评委具一票否决权：项目评审平均得分必须达到 3.5 星方能通过（建议每次评审有 10% 的不通过率）；若主评委评星低于 3.5 星，视为一票否决，项目不通过。

维度 3——项目报告预审机制：学员的项目报告需要在项目评审一周前提交给班主任，并经过导师签字背书，项目报告格式标准、完整且项目确实完成的，方可纳入项目评审范围，否则一律退回。

一气呵成写完之后，我瘫靠在座椅上，揉了揉太阳穴，然后大大地伸了一个懒腰，下意识地喊了一句：

"评委评优才，严师出高徒！"

2022 年，成功毕业进入优才库的达胜，晋升为副总经理！

05　培育连通考试

2020年5月份，第一期优才库启动仪式举行；历经五个月，第一期优才班顺利完成了一次团建+八堂课程+一次课外活动，基本频率为每两周一次课程活动；到2020年11月，第一批成功毕业入库的优才有27人，其中T2毕业、进入优才库的10人，T3毕业、进入优才库的17人。

洪帅就是第一期T3优才班毕业入库的17人中的一个。2011年加入公司的洪帅，生于1987年，努力肯干，2019年已经成为公司开发系统的高级工程师。年过三十的他，希望自己能从技术走向管理，于是报名参加优才库，并且如愿进入第一期T3优才班。

加入T3后，主动积极的洪帅严格按照优才库的要求，在半年之内完成了三个岗位的历练和报告，除了原本的开发岗之外，他完成了在本单位内与开发相关的三个部门的轮岗——IE部、工程部和品管部，每个岗位历练两个月，紧凑而有效。

在他进行轮岗汇报时，作为主评委，我听取了他的前两个部门轮岗汇报，并向他提出一个问题："你觉得轮岗对你最大的挑战和你最大的收获分别是什么？"

当时他给我留下的印象非常深刻。他站在讲台上，面对我们五个评委不卑不亢，脸上露出自信的笑容，镇定自若地回答道："我觉得我最大的收获，就是学会了换位思考。以前的我，只会从开发部的角度去想问题，总认为其他部门不能支持我，就是态度不端正或能力太差；现在的我，在经历了轮岗之后，发现在兄弟部门的日常运作中，有很多问题的源头还是开发部提供的资料不完整或变更后没有及时全面共享信息，导致很多本来可以避免的问题因此频频发生，劳民伤财不增值……"

"那你轮岗后回到开发部，对这些问题有什么改善吗？"坐在我旁边的评委,恰好是洪帅的单位负责人,他急不可耐地抛出一个实质性问题。这个问题正是我想提的,被他抢了先,于是我点头示意,让洪帅先回答这个问题。

洪帅很自豪地说道:"那是当然的。回到开发部后,对于发现的很多跨部门信息脱节的地方,我在内部展开整改,对开发作业流程进行了调整和完善。其实有些表单的内容增加一些字段和版本号,就可以大大规避信息的不对称问题。现在我可以肯定地说,至少80%的问题已经得到改善。我理解了兄弟部门的难处,也在轮岗时了解了他们的运作流程,所以改善、对接起来特别顺畅。当然,这也要感谢兄弟部门负责人的大力支持和协助。"

评委们听了都连连点头,看来轮岗历练对部门管理者确实是很有帮助的。我继续问洪帅:"那么,在整个轮岗过程中,你遇到的最大的挑战是什么?"

洪帅毫不犹豫地回答道:"主要就是时间的调配问题。我的开发工作其实还是要花掉我大部分时间的,所以为了兼顾两边的工作,我只能投入更多的时间在公司,包括晚上加班到更晚、周末也在公司开发设计产品等。因为这个,我家人都对我意见很大,幸好和他们沟通,说只是这半年优才库运作期间是这样子,他们才勉强接受。这个过程中,我非常感谢家人对我的支持!"

听完洪帅的回答,我忍不住想起有一次和总裁就轮岗事项进行的对话。

那一次是有一位T3学员——某工厂PMC部的高级主管和她的工厂总经理找到项目组,申请对其豁免轮岗,理由是实在忙不过来。我就这件事请示总裁:"轮岗的要求是不是可以放松一些?对于该学员的轮岗豁免申请,是否可以视为特殊情况予以通过?"总裁当时眼睛一瞪,反问道:"为什么?"我说:"轮岗确实对管理者有帮助,不过现在太忙的情况下,实在没时间去轮岗,她的领导付总也特别申请,还说和您也口头报告过此事。"总裁摇头:"我没有同意过,你想同意吗?"我立马摇头:"从我的立场来说,我坚决不同意。如果没时间轮岗,可以先不轮岗,迟些有时间再轮岗就是了,大不了晚些毕业。"总裁点头道:"是的,我也是这个意思。吃得苦中苦,方为人上人。如果她不能投入更大的精力来完成轮岗这个难题,以后也不可能胜任更高的管理岗位。"

转念之间,回归到评审现场,我对洪帅说道:"洪帅,很好,你要保持这种积极进取的精神。记住,你这种精神,正是总裁希望在优才身上看到的,也是公司未来发展所必需的!再次恭喜你得到这么多的收获!"

作为第一批成功毕业进入优才库的学员,洪帅在当年年底就成功转型成为开发部副经理,这是因为他在轮岗汇报过程中的答辩,不仅打动了我,也获得了他所在单位负责人的认可。

有一次,我找洪帅闲聊:"洪帅,你觉得作为 T3 学员,优才库项目对你们最大的意义是什么?在整个过程中,你认为是什么支持你们来实现这种意义?"

因为是一对一的聊天,洪帅有些紧张,他想了好一会儿,才回答道:"对我而言,优才库的意义就是给我的职业生涯打开了一扇门,点亮了一盏灯,指明了一条通向未来的发展之路!"

"说得好,很有才!"我对洪帅竖了一个大拇指,"总结得很精辟。这个其实是很难的,很多公司都想这么做,但很难真正做到这一点。过程很痛苦,不管是对公司来说,还是对优才学员而言。我知道 T3 学员要毕业,条件很苛刻。你认为支持你一路前进、成功毕业的动力是什么?"

"除了个人的坚持之外,我认为就是六个字:培育连通考试!"洪帅肯定地点着头,说道。

"培育连通考试?什么意思?能不能详细讲解一下?"我的好奇心被激发了,歪着脑袋想了想,还是不太明白,于是再次询问洪帅。

"其实，这也是从鲁总之前和我们宣讲的内容中提炼出来的，主要是我的个人理解。因为公司明确指出，优才是'教-训-练'三者结合培育出来的，而不是单一的培训可以得到的。所以，我这里就把我们T3的'教-训-练'过程视为培育过程，不光光是培训，还有培养，不光光是培养，还有教育，总而言之，目的就是多管齐下，在管理的道路上把我们这些后备人才真正地养育成优才。"

停顿了一下，洪帅继续说道："我个人认为，公司对于优才库项目的整体培育过程设计得还是比较巧妙的，虽然过程确实很痛苦，但是如果能完整地熬过来，收获就特别大。不仅是轮岗，还包括练拳，包括师傅的任务、心理测评、素质测评、360°训前/训后评价，居然还有公文理解考试，我第一次只考了28分，真是太打击人了。"说到这里，洪帅擦了擦头上冒出的冷汗。

我赶忙安慰道："都已经过去了，不用再揪心。不过确实挺不容易的，我们项目组为了设计这些环节死了好多脑细胞，你们学员要能艰难闯关通过，也是需要很大毅力才行啊。"

"可不是嘛！"洪帅不知道想到了什么，心有余悸地说道，"如果不是你们的考试节奏还算有张有弛，我差一点就撑不过来了。"

"考试节奏？这就是你说的培育连通考试吗？"

"嗯哪，培育的过程很艰难，幸好每次培育都紧锣密鼓地连通各种考试，每次上课有课后评价和小测，每次练拳教练也会交代我们跟着拍视频上传，每次轮岗都有轮岗评审……各种各样的考试都有成绩，大部分成绩还会在班级微信群中公布，有排名。不得不说，你们挑选的班主任静欣，很用心地连通着我们的每一个环节。正是这些考试、排名和成绩公布，让我自然不自然地回到了以前上学时的状态：好好学习，天天向上，一心向前冲！"洪帅的话里话外透着一种莫名的憧憬。

"你想说的，是不是学生时代我们经常听到的'考考考，老师的法宝；分分分，学生的命根'？"我居然也能从中找到同感，脱口说出自己学生时代听到的经典语句。

洪帅听了我的话，很认可地点了点头，呻吟道："啊，就是这个。培育连通考试，如果光是培育，没有考试，我们压根就不会紧张，学不学都一个样，学好学坏一个样。但是有了考试，还是小考连着大考，大考成绩还要公布，这就很不一样了。这个，应该就是激励我持续向前的最主要的动力啦！"

管理大师彼得·德鲁克曾说过："无法衡量，就无法管理。"IBM前总裁郭士纳也曾经强调："如果强调什么，你就检查什么；你不检查，就等于不重视。"

评价本身就是值得我们珍视的最宝贵的财富，价值只有通过评价才会存在。"培育连通考试"，也就是管理大师们的经验之谈在人才梯队优才库项目中的实践运用。

我问了洪帅最后一个问题："你接下来有什么计划？"

洪帅言简意赅地回答："T3 优才班毕业了，我知道公司还有 T2，我的下一个目标就是成为 T2 优才中的一员。"

2022 年，洪帅如愿以偿地加入了第五期 T2 优才班；2023 年，他晋升为高级经理，成功实现自己的梦想：从技术走向管理！

06 戴上一朵小红花

2020年11月27日15：30，公司第一期T2/T3优才库项目总结会暨入库仪式在公司培训活动中心侠客岛举行，总裁、五位副总裁、人力资源模块助理副总裁鲁爱国等，与100余名T2/T3学员一起参加结营暨入库仪式。

会议伊始，全体人员起立合唱公司之歌。接下来，全体人员通过观看短视频的形式，回顾了历时六个月的优才库项目。

第一期T3优才班班主任静欣对第一期优才库项目进行了总结汇报。

在颁奖环节，嘉宾领导为T2/T3的优秀学员颁奖。T3优才学员代表洪帅、T2优才学员代表海燕分别上台发表感言。他们感谢公司和优才库项目的组织方给予他们这个难得的学习平台。T2优才学员海燕还获得了"年度最佳优才学员"称号，现场获颁"年度优才特别车位证"。海燕表示，几个月来，她不仅收获了知识与技能，更收获了师生情谊和友谊，并祝愿优才班学员和公司能够乘风破浪，勇往直前。

……

人资模块鲁爱国向大家分享了公司的用人理念：能者上、平者让、庸者下，资源向关键人才倾斜；希望大家在工作上既有思想，又有个人的创新。

最后，总裁与在场学员就现阶段的发展状况以及综合型和专业型人才进行了探讨。他希望大家"见贤思齐"，树立起成为高阶人才的信心，在日常工作生活中多看、多想、多学，早日成为企业的高阶人才。

看着这篇新闻稿，再看看坐在我对面的"年度最佳优才学员"海燕，我忍不住调侃道："海燕，那张来之不易的'年度优才特别车位证'，有用吗？用了感觉如何？"

海燕开口就是一阵爽朗的笑声："哈哈哈，拿到车位证我真是太高兴啦！这对我来说正是一场及时雨，刚好买车不久，公司停车位现在是一位难求啊，我正愁没地方停车，就收到了这份天赐的礼物，虽然是过了春节才生效的。特别感谢公司，感谢鲁总！"

"这都是你应得的，谁让你在首批毕业的27人中评星排名第一呢！我好不容易才以优才库的名义跟总裁争取到这么一个公司内的固定专属车位。这都是你的实力和运气啊！"

"唯一的专属车位，只给优才库第一名？那真的很荣耀，我一定要拍个照片，发给我爸妈看看，让他们也为我高兴高兴。"海燕给出了她的第一个建议："能不能在那个专属车位上挂个'年度优才专属车位'的牌子啊？就像美国的一些大学给他们获得诺贝尔奖的教授一个'诺贝尔奖获得者专属车位'的标识，那就特别有荣誉感，而且也能造成很好的文化宣传效果。"

"这个建议很好，非常认同。我们回头安装上去，然后你拍照发个朋友圈！"我认真地记录下了海燕的建议，也对她提出新要求。海燕用力地点点头回复："必需的！"

然后，我认真地向海燕提出一个问题："海燕，你从2006年加入公司，现在快15年了，目前还只是一个副经理，你觉得满意吗？"

这个问题明显超出了海燕的意料，她的眼睛快速眨动起来，过了好一会儿才平缓下来，说道："鲁总，您这个问题确实是出乎我的意料，但是也问到了我的心坎里。就像之前加入优才库面试时我说的，我1987年出生，18岁就加入公司，到去年32岁时，还只是一个高级主管，副经理还是去年年底张总给我特殊申请晋升的。我很感激公司，特别是我的领导对我的栽培和肯定，但是……"

说着说着，海燕的声音哽塞了，眼眶也湿润了。看着她用手背擦拭着眼角，我连忙拿出一盒纸巾送到她的面前。她抽了一张，说了声"谢谢"，擦去眼角流出的泪水后，平复一下心情，继续说道："但是，很多周边的同事，和我一起来的，甚至还有比我晚来好几年的，她们都已经当上经理了，而我还在她们的后面……我是一个好强也好学的人，我自认为我的学习能力不比她们差，我的拼搏精神也比大多数人更强，可是为什么升职加薪却总是排在后面？好像跟我的努力和付出没有任何关系似的……"

看着眼泪又要夺眶而出的海燕，我再一次递给她两张纸巾，站起身倒了一杯水。

"说实话，我好几次都想离开公司，因为外面也有很多同行的企业找过我，他们给出的待遇和职位都比我现在高出一大截。去年，我差一点就走了，幸好……"

"是啊，去年和你面试的时候，我都感觉到你的委屈了。人哪，都有低谷和高峰的时候。有的人，少年得志，晚年失意；有的人，大器晚成，十年寒窗无人问，一举成名天下知。你现在也是守得云开见月明。你觉得，算不算？"隔着办公桌，我轻轻地拍了拍海燕的臂膀，海燕也慢慢平静下来。

"谢谢您，鲁总，真的。去年幸好有优才库项目的选拔，张总和我单独面谈的时候也大力推荐我加入优才库，当时还跟我说，如果我加入不了优才库，或是加入优才库后觉得没有用，就同意我的离职申请。"

"啊，这么狠？这让我感觉'压力山大'呀。幸好我之前不知道！"我乘机开了个玩笑，把沉重的气氛向轻松的方向推了一把，"海燕同学，希望优才库没有让你失望啊！"

海燕很诧异地看了我一眼，嘴角也挤出了一丝笑容："幸好啊，我觉得加入优才库是我第二大的幸运。"

"什么，第二大幸运？能不能请问一下，第一大幸运是啥？"看着她的情绪转好，我连忙趁热打铁加了把火，问道。

第五章 破茧成蝶

"第一大幸运就是遇到了认可我、栽培我的领导张总，也是他推荐我加入优才库的。"海燕滴水不漏地回答了我的提问，尽显其正常状态下的高情商。

"那你现在对公司的满意度与去年比较起来，更高还是持平？"话题开了个头，不能虎头蛇尾，我顺势进一步问道。

海燕想了一想，完全恢复过来，轻快地回答道："我现在心情特别好，因为获得了年度最佳优才学员称号，还得到了这个独一无二的年度优才专属车位。我现在特别满意，也特别感恩，我已经从去年的低谷状态完全走出来啦！"

"再次恭喜你，海燕，不仅是为你努力学习获得的好成绩，更是为你走出低谷的积极拼搏的精神状态。现在的你，特别有朝气和活力！请务必保持下去。"

听了我的真诚祝贺，海燕差一点又要热泪盈眶，我赶紧抛出一个新的问题："保持心情平静，思考一下我接下来要请教你的这个问题，认真地告诉我你的真实想法。这个问题就是：你对自己未来五年有什么样的规划？"

海燕陷入沉思，过了几分钟，她抬起头来，看着我说道："这个问题，我确实没有很完整地思考过。在加入 T2 优才班时，我选择的方向是'资源官'，当时我想的就是扎扎实实地做好 PMC 和物流采购的管理工作；去年张总给我的定位也是协助他做好事业群内的供应链管理，提升下属各工厂的物料管理信息化程度。不过，鲁总，您今天这么正式地问我这个问题，我刚才也重新审问了自己的内心，我觉得我在三年内的目标应该是做专做深，按照张总的要求做到供应链数字化升级；然后有机会就朝经营者方向发展，毕竟我还年轻。"

我赞许地看着海燕："海燕，很有想法啊。不错，不想当将军的士兵不是好士兵。你现在是副经理，估计今年年底就有机会晋升经理，再过两年成为高级经理之后，你在这个专业赛道上的发展就会遇到瓶颈，因为这一块工作对你再无挑战性。就如你们物流体系的其他几个前辈李总、林总一样，你觉得，他们为什么四十多岁了还要转型向经营者发展？"

"应该就如鲁总所说，遇到了职业瓶颈！说起来，李总还是带我入门的师傅呢！"海燕不假思索地回答道。

"是的，你现在比他们更有优势，也更有运气，因为你现在还年轻，提前规划就能事半功倍。你的目标应该是向从物流体系成功转型为经营者的那几位副总裁学习。公司目前经营效益最好的几个事业群，你知道是哪几个吗？"

"排在前三的应该是康总、张总和陈总，他们都是物流体系出来的。"

"对，他们就是你的学习榜样和努力方向，你要多向他们学习，从现在就可以开始准备啦！"我再一次给了海燕一个赞许的眼神，看来这个初始学历不高的女生，确实学习力和悟性都很高。

海燕举起了右手，弱弱地说道："鲁总，我能请教您一个问题吗？"

我微笑着点头，她开口问道："公司举办优才库的真实目的是什么啊？我们很多中层管理干部，最开始的时候，都以为这是公司又给我们画了一张饼，加了一道门槛，就像之前给我们增加了很多晋升级别，拉长了晋升通道一样。"

我没有直接回答海燕的第一个问题，反而先和她探讨起她所说的第二个事情："你觉得公司增加晋升的级别，从原来15个级别调整为现在的21个级别，对员工来说是好还是不好？"

海燕犹豫了一下，还是坦诚地表达了她的观点："我觉得对我来说不太好，因为从经理到总监级，中间增加了三个级别，我要晋升到总监至少得晚三到五年。"

"你说的也对，对你要晋升到总监来说，确实是增加了台阶。不过，你想想，对于大多数员工来说呢，他们晋升的机会是不是比以前增加了很多？比如一个部门只能有一个经理，如果像以前一样，主管上去就是经理了，经理如果五年不动岗位，下面的主管是不是也五年都不得晋升？"

"这样说的话，也确实如此。以前是有很多主管很多年都没有晋升，包括我，有很多经理也是如此。"

"为什么呢？主要的原因就是上面的晋升空间有限，级别太少。所以总裁和我讨论好多次，最终还是决定增加这六个级别，让职员平均一到两年都能有机会晋升一级，好回去和家里人炫耀一下：'爸、妈，老公/老婆，公司特别重视我，又给我晋升了。'虽然不一定有太多实质的收入增加，但是这也是一种持续的精神激励啊，不用等五年，平均一到两年就能来一次。你能理解吗？"

经过解释后，海燕点头表示完全理解。然后我回到她提出的问题，说道："公司举办优才库，就和增加职位晋升级别一样，主要目的就是两个：第一个是为公司的发展培育、选拔人才，第二个就是激励、保留人才。"

"那为什么要这么复杂地搞这个项目呢，以前不是也有各种干部训练营吗？"海燕打破砂锅问到底的精神发挥了出来。

"你提的确实是个好问题，这个应该让总裁来回答才行。我先尝试解答，不一定对啊。"我整理了一下思路，先反问海燕一个问题："公司之前的发展战略——'两个一'目标，你清楚吗？"

海燕点点头："上课时听您说过，是不是孵化一百家企业和成为一百年企业这两大目标啊？"

"上课听得很认真啊，是个好学生。"我夸奖了海燕一句，继续说道："你觉得，公司能持续不断地快速发展，主要原因是什么？其实很简单，就是坚定不移地朝着目标前进，赚了钱就买地建厂房，然后逼着业务抢订单扩产，周而复始，螺旋上升。"

"是的，我听说在20多年前，我们隔壁镇有一家公司规模和我们一样，可是他们求稳，现在年销售额还是20多个亿，里面的干部也都是十多年前的那些老油条，完全没有什么晋升机会。"海燕听完，和我互动着举了个实例。

"没错，当企业持续增长时，我们就需要更多勇于创新、拼搏进取的干部，这就是优才库的目的，要选拔来之能战、战之能胜的优才，就像你这样的！亲身经历过优才库后，你觉得优才库和以前的各种训练营相比有什么不同吗？"我又把问题抛回给海燕。

海燕一时之间悟了，激动地说："是的是的，优才库运作与以前那些训练营真的不一样，就像启动仪式上优才库的口号一样：拼搏奋进优才库，开疆辟土真英雄。我明白啦，谢谢鲁总！"

"谢谢海燕，来，最后，我奖励你一朵小红花！"我顺手递了一朵小红花给海燕。这是我们家小孩昨天在幼儿园获得的奖励，送给了我，当此情景，我把它转赠给了优才库第一名毕业的海燕。

海燕欣然接受，让我帮她戴上了这一朵小红花！

2021年年底，海燕晋升为经理，此后两年连升两级，朝着她的五年规划目标拼搏奋进、稳步前行，无愧于公司优才库首位年度最佳优才学员称号！

第六章

小中见大

01　文化如何传承
02　教学相长vs以教代学
03　还是不是同学
04　跨界思维整合
05　"敢做接锅侠"
06　融化部门墙

光阴似箭，岁月如梭，时针一晃就指向优才库项目运作的四年后，"优才库第九期 T2/T3 启动暨往期合格学员入库仪式"在公司培训活动中心侠客岛正式举行，公司总裁、人资模块副总裁鲁爱国等领导与 100 余名 T2/T3 学员一起参加总结会暨入库仪式。

想不到啊，在短短的四年内，优才库项目成功发展到第九期，合计纳入优才培育的人才梯队总人数逾千人，覆盖了公司自主管到经理、到总监乃至副总裁各个管理层的精英骨干。

短短三年多的时间里，有的人已经从 T3 优才班毕业，成功进入 T2 优才班；有的人已经从 T2 优才班毕业，成功进入 T1 优才序列；有的人仍然在屡败屡战地每年报名优才库，不达目的誓不罢休；有的人在优才培育阶段惨遭淘汰后黯然离开了公司；有的人在优才培育成功入库后崭露头角，迎来人生更大的舞台和全新的挑战！

没有对比，就没有伤害；没有比较，就找不到差距；没有衡量，就看不到进步。纵观四年前后公司内部的变化，大多数身在局中者只认为这是理所当然的持续改善，只有真正观察入微的有心人才能找到量变引发质变的过程脉络。

没有无缘无故的爱恨情仇，也没有无缘无故的成败得失。

蝉，要先在地下暗无天日地生活三年，忍受各种寂寞和孤独，依靠树根的汁一点点长大；在夏天的某个夜晚，悄悄爬到树枝上，一夜之间蜕变成知了，然后在太阳升起的那一刻，毅然飞向天空、冲向自由，在朝霞中光芒四射。

一分耕耘，一分收获；忙者不会，会者不忙！

能成功收获的耕耘，不仅需要经历各种辛苦、劳作和积累，更需要有会者不忙的智慧、技能和实践。本章的目的，就是试图通过小中见大的故事讲述方式，将企业内人才梯队优才库建设出成果的实践与技巧，小心提炼、大胆呈现出来，揭示人才战略下会者不忙的战略落地智慧。

这是一种创新尝试，不一定能够完全达成所愿，真诚希望与大家共同探讨、研究与提升！

01　文化如何传承

这是一个问题！

"文化是什么？文化该如何传承？我们企业的文化，大家知道吗？"十年前，我就被总裁提出的这一系列的问题给问住了。

当时总裁还问了我一个很尖锐的问题："你知道我对公司文化工作现状的评分是多少吗？"时任总裁办副主任的我有些心虚，因为不太了解公司的文化宣传情况，就没有正面回答，反而小心翼翼地附和道："应该不高……"总裁直接亮出答案："10分！"我听了之后大为诧异："10分？"心里嘀咕着：如果满分是10分，这给10分也就太牛了，现在的水准感觉不像啊；如果满分是20分，那还马马虎虎，不过很少有这种计算方式啊；但是如果满分是100分，那这个评价也太低了……

总裁像是洞悉了我的内心所想似的，大声说道："没错，满分是100分，现状得分就是100分里的10分！"我当时的感受就是脑袋"轰"的一声，一片空白，下意识地嘟囔道："才10分啊，我们好歹也是家上市公司啊，这种文化宣传水平，也太吓人了。这可怎么办才好呢？"语出惊人后的总裁，此时微微一笑，对我说道："爱国，我希望你明年能兼任公司学院的副院长，重点将公司文化宣传水平提上来！"

……

忆往昔峥嵘岁月，看今朝一马平川！

在担任公司学院副院长的三年后，我找机会询问总裁对公司文化工作的评价，总裁回答得很含糊："较三年前有明显的进步，但是还有很大的改善空间！真要评分的话，现在我给70—80分。"

是啊，确实还有很大的改善空间。但是，改革进入深水区后，具体要怎么更进一步，确实就不太容易摸索了。这主要是因为在借鉴落实对标企业的成功经验后，我们已经不知不觉地走在了企业文化运作的行业第一梯队，前面已经没有可以直接学习和借鉴的对象了，接下来的改革之路需要我们自己摸着石头过河！

企业文化，其实就是企业的识别系统，就是一家企业内部所有人共同的价值观和行为准则，就是一群人一起干成某些事业的凝聚力量，也可以说是组织成员共享故事的心智模式。它主要包括三大部分，分别是MI（理念识别系统）、BI（行为识别系统）、VI（视觉识别系统）。

通过撰写、刊印公司的《企业文化手册》，我们提炼完善了公司理念识别系统，将企业文化最重要的理念层进行清晰的定义和阐述，使命、愿景、价值观、战略目标、经营理念、管理理念、行为准则等都跃然于纸上。

通过五层宣传渠道，我们初步构建了公司文化的可视化识别系统，将公司的经营方针、文化内核、经营策略等内容，及时地在公司新闻（电脑端）、公司在线（手机端）、公共区域宣传栏（实物端）、智能移动互动平台（网络端）、小故事大文化（终端小屏）等五大主流渠道进行宣传，再辅以屋顶宣传字、室内外横幅、海报、电脑屏保等补充宣传途径，让公司的文化理念内容随处可看见、人人可知悉。

然而，在行为识别系统方面，我们却一筹莫展，因为缺乏有效的抓手，工作开展起来滑不溜手。企业内部根深蒂固的民企思维，就是务实不务虚，说白了大家都担心"枪打出头鸟"，不愿意抛头露面，更愿意做好事不留名，导致行为故事的挖掘乏力。在具体行为上，如何自上而下地贯彻公司理念，本就是所有企业的一个文化推行"老大难"问题，在我们公司内部，这也成为摆在我们面前必须翻越的一座大山。

文化如何传承？行为怎么延续？

忘记历史，就等于背叛过去。

在优才库培育课程确定之初，总裁就和我定了基调："所有的课程必须要由在公司任职二十年以上的高层管理者来亲自讲授。"当时我提出了两个疑问，第一个是，如果公司的副总裁/事业部负责人不愿意出来授课怎么办？第二个就是，我自己当时也才入职不到十年，可不可以来授课呢？

总裁很客观地给出很霸道的回复："这是你的问题！你需要和副总裁们主动沟通，软硬兼施地请他们出马；你自己要上课也可以，但请不要成为系列课程的授课主角。"我心领神会，于是开始找各个副总裁逐一沟通，邀请他们为优才库学员上课，准备课件，参与课件评审。

第一个找的副总裁，就是一毕业就加入公司、在公司服务近四十年的康总。

康总问我："为什么找到我？"我回答："两个原因，第一个原因是总裁力推，第二个原因是我非常钦佩您。"

康总非常高兴，接着问道："需要我干什么？"

我的回答是："需要您将公司的文化传承下去！"

康总反问道："这不是你的主要工作吗？"

我苦笑着应道："是的，不过我才来不到十年，对于公司四十年的文化发展沿革只是了解皮毛，我需要您的全力帮助才行。"

康总点点头，问道："需要我怎么做？"

我微笑着说道："需要您给优才学员上课，给优才学员讲述在公司的发展历程中，您亲身感受和经历的故事。这些故事最好能包括公司两任董事长、总裁或者创始团队在内，是您内心最深刻的记忆；在您讲出来之后，能够让学员们感同身受并以之为榜样！"

康总非常感兴趣："那我确实有很多故事可以讲啊，估计三天三夜都讲不完。"

经过一番整理之后，康总在课件评审的时候，提炼了她认为最有意义的与公司创始人、董事长、总裁和创始团队有关的三件往事，我们一起将它们进行完善。三个故事，分别体现了公司的企业精神——创新拼搏；企业价值观——敢知未来；品质理念——宁可放弃一单的利润，也不放弃一单的质量。

在完成第一次给优才学员授课之后，康总主动找到我，说道："我觉得大家的反应还可以，听我讲完故事之后，大家都很有共鸣；我建议后续在课堂上邀请他们讲讲自己的故事，也可以在课堂上互动模拟讨论一下，对公司发展的各个阶段他们有什么认知。"我笑着给她点了个赞："康总，在课堂上，讲师最大；您是讲师，课堂怎么安排，您说了算。感谢您对大家的言传身教！"

超过十位副总裁组成了优才库的讲师团队，在他们现身说法讲故事的言传身教之下，所有优才学员都深刻体会到公司的文化渊源，对公司的核心文化理念产生了更真切的认知。

以身作则是最好的行为教导方法。

公司对管理干部的行为准则要求是五个：诚信正直、服务至上、领导团队、创新创造、环保高效。

在优才库项目启动之前，虽然有干部管理部门，但是苦于没有抓手，所以很难对管理干部的行为准则进行客观评价和衡量，更难展开有效引导。

优才库项目启动之后，除了请高层作为讲师团展开文化传播和引领之外，在具体抓手方面，也增加了很多实际有效的可衡量手段：通过项目历练/轮岗历练，可以直接查看优才学员在追求卓越和创新求变方面的行为成果，间接衡量其诚信正直的内核行为；通过团队拓展和读书反馈，可以直接考察其领导团队的行为能力，间接评估其追求卓越的内在程度；而通过对优才库入库者必须定期授课的硬性要求，更是直接促成了经理人指引方向和领导团队的行为习惯。

2015年，在给公司新晋升的管理干部上课时，我在课堂上提出一个问题："公司的企业文化是什么？"当时听讲课程的有八十余人，大家回答得非常踊跃，十个回答者给出了九个答案，包括"加班文化""顽强拼搏""品质至上""客户第一""领导说了算""流程冗长""官僚主义"等等。当时我就在想：为什么作为一家上市公司，我们不能一句话言简意赅地说明公司的文化是什么呢？

2018 年，在公司文化手册上，明确地写出公司企业文化的一句话描述——"四个持续追求"。持续追求的就是公司的四大核心价值观。同年，再次给新晋升经理干部上课时，我提问大家"公司的文化是什么"，有 50% 的人员准确答出："公司文化就是'四个持续追求'！"

可是，在和公司非管理干部的职员座谈时，我问大家同样的问题："公司的企业文化用一句话来描述的话，是什么？"大家的回答又是五花八门、杂乱不一。

十年前，有一位家用电器协会的国家级专家到公司参观，对公司的企业文化大加赞许，认为已经比行业中的绝大多数企业更完善、更细致。当时，我请问专家："王老，您走南闯北，见多识广，在您看过的这么多家企业中，您印象中企业文化做得最好的是哪一家呢？"王老不假思索地脱口而出："那肯定是海尔了。"我继续请问道："为什么呢？如果要说三点他们的文化特色，您认为是哪三点？"王老胸有成竹地说道："他们让我印象深刻的有三点：第一点，是海尔人特有的干劲和干练。在外面遇到海尔曾经的干部，看一眼就能知道这个人在海尔干过，因为他们的普遍特质就是动手能力强、雷厉风行。第二点，上行下效，高效传播。不仅高层清楚知道公司文化和战略，前一天发布的战略内容，第二天中层乃至基层干部就都能清楚知悉。第三点，文化先行战略的有效落地。在海尔总部有一个文化中心，非常重要，海尔之所以能成功兼并很多企业，它功不可没，因为在每次并购之前，海尔文化中心的人都会先行去评估被兼并企业的文化现状和可被融合性……"

对比海尔，格新美公司在某些领域并不逊色，可是看看公司职员对公司文化的认知差距，显然这方面的改善之路还任重而道远。我忽然理解了总裁评价公司文化得分在 75 分左右的原因所在。

五年前，作为优才库项目人资领域讲师，在给第一期优才学员上课时，我再次问出这个问题："我们公司的文化是什么？"90% 的学员异口同声地喊出:"四个持续追求!"大家认为我会很满意,结果发现我仍旧不满意,便询问我原因。我在课堂上大声问道:"在座的各位,你们认为,这个答案,你们直管部门的所有人员都知道的,请举手!"现场只有一个人举手。我异常惊喜,询问他:"有什么秘诀?"他站起来回答:"鲁总,我刚加入公司七个月,正在组建团队的过程中,目前团队中就我一个人,所以我知道了就是整个团队都知道了。"

大家哄堂大笑,我也笑了,旋即很认真地对大家说道:"你们懂了公司的文化是什么,这个我比较高兴;但是,只有真正做到'你懂了,你们团队的所有下属同事都知道并且能准确回答出来',这样才是真正的上行下效、真正的文化传承。告诉我,你们能不能做到?"

大家肃然回答:"能!"

"好,回去立刻告诉你们团队的所有人。毕业前,我会再问你们部门的同事这个问题!"

……

这,就是新的起点。从新晋升的干部,到所有在管理岗位的优才,再到更多的部门职员,一石激起千层浪,逐层分解,快速传达。

文化不是一个人的文化,而是一群人的共识;文化的传承不是高管几个人能完成的,需要所有高中基层管理者齐心协力、众志成城,更需要管理者以身作则、言传身教、身体力行!

彼得·德鲁克曾经说过:"企业文化可以像吃早餐一样把战略给吃掉。"

这句话的意思就是说,设计得再好的战略,如果遇到糟糕的文化,也会被这种文化轻易地吞噬掉;同样,设计得很好的战略,如果遇到优秀的文化,战略的实现也会像吃早餐一样轻而易举。

好的文化,值得传承!需要传承!必须传承!

02　教学相长 vs 以教代学

这是一场对话！

作为 T1 优才学员，同时又是前后逾十位 T2、T3 学员的导师、优才库项目优秀讲师，副总裁张总无疑是一位重量级的发言人，对公司优才库项目的运作全过程有着高度的参与和了解。

这一场对话发生得非常偶然，也算是机缘巧合，因为那一场读书会总结会议，我们俩都早到了，闲着也是闲着，就聊开了。

这一场读书会，是张总的主场，所有的参与人员，都是其麾下各单位的总经理和各部门负责人。类似的管理干部读书会，每年上半年都会定期启动，历经 3—5 个月后召开读书总结报告会议。不管是启动会议，还是总结会议，我都会被邀请作为嘉宾出席；所以，每年因为读书会，张总和我会有两次近距离面对面的接触沟通。

这天下午，我记错了时间，早到半小时，发现工作人员正在积极准备着，而读书会各位人员也三三两两地走进会场。我走到嘉宾席坐下，看到张总已经到了，整个嘉宾桌六个座位，只有我们两个就位。

看着我诧异的眼神，张总主动笑着解释道："今天出了个 bug，我通知的是 3 点开始，结果马经理发邮件通知时不小心写成了 3 点半，所以其他人估计都是 3 点半才到！"

我也笑着点头，说道："是啊，我接到的微信通知也是 3 点钟开始，刚才一看，还以为走错了会场呢。幸好看到你！"

闲着也是闲着，我俩乘势聊了起来，天南地北，无所不及。

"张总，我觉得各个事业群里，就数您这边的读书会办得最好，效果显著、历久弥新、创意无限！有啥秘诀啊？"

"这还不是你们起了一个好头，我只是要求马经理她们每次都必须有创新点，结果她们执行得还不错，大家群策群力，成就了今天这个局面。"张总谦虚地把功劳归于大家。

"对了,您上次在优才库启动仪式上,和我说您对优才库运作有些改善建议,当时因为时间太赶,没有详细请教,真是抱歉啊。"我把话题转到优才库项目,请教张总道,"今天刚好有时间,希望您能多多指点!"

张总本来在低头回复微信,听到我的这一番话后,放下手机,看着我,说道:"我确实有一些关于优才库的事项,要和你探讨。爱国,我听说你们对于优才库入库学员的要求比较多,能不能简化一些呢?"

"对于优才库入库优才,确实是有两点明确的要求,如果没有做到,就会被淘汰出优才库。第一,是要选择1—3门管理或技能课程,进行课程钻研和课件开发,成为该类课程的内部讲师,并完成12小时/年的授课任务;第二,是要为公司发展物色、选拔人才,每年成功举荐三名各级人才梯队候选人通过初筛。另外,如果学员毕业进入优才库后,两年内没有晋升,也将自动离开优才库。"我如数家珍地将优才库入库后的任务要求娓娓道来,然后问道:"不知道张总希望简化的是哪一块呢?"

听完我的讲解,张总沉吟片刻,说道:"我觉得每年举荐人才这一项设计是很有必要的,不过目前执行的力度还有些不够,可能你们需要找人重点去稽查这一项的落实情况才好。另外,我接到比较多的反馈是关于优才库优才需要每年上12小时课程的问题,特别地,对于T1学员,你们还要求我们要推荐3—6名管理干部成功成为内训师。前一个,现在的入库优才反馈说有困难;后一个,我个人也想听听你们这样设计要求的意义所在。"

"谢谢张总的建议,我们后续会加强对优才推荐人才的执行情况确认。"我拧开一瓶纯净水,喝了一大口,然后说道:"听培训部韦经理说张总讲的课程总是好评如潮,优才学员们反馈都是干货满满,收获颇丰。不知道张总有什么诀窍啊?"

张总没想到我没有直接回答他的问题，反而问了他一个问题，碍于礼貌，他只好先回答道："其实没什么，我最开始上课时感觉也挺难的，后来多亏了你们在课件评审会上给出的建议，还有韦经理发给我的学员们的反馈心声，我才慢慢地把教材改成务实的案例，都是在我们事业群实际经历过的内容，所以我讲起来也得心应手。说实在的，有时候讲课时，学员们提出的问题还给了我新的启发，有一些运用在实际工作中，也取得了不错的效果呢！"

"厉害了，我的哥。你这是典型的教学相长啊！"我给张总竖了一个大拇指。

"对的，就是教学相长。"张总也肯定地点了点头，"所以，我还是很认可你们要 T1 学员推荐核心管理层作为内训师这项机制的。如果我的核心管理干部都成为优秀的内训师，教学相长之下，他们的团队就会越来越凝聚、越来越强大。"

"您说的对，目前您所在事业群的内训师数量是各个事业群中排前位的，这肯定是您高瞻远瞩的要求。难怪您带领的事业群在过去三年来士气年盛一年，业绩蒸蒸日上！"此话一出，我自己也愣住了，因为虽然有恭维之意，业绩逐年迅速上升确实也是事实，这两者之间是不是有某种关联呢？我陷入了沉思……

发现我若有所思地安静了下来，张总有些诧异，过了片刻，忍不住问道："鲁总，你在想什么，想得这么入神啊？"

这句问话把神游九天的我拉回到现场，我恍惚了一下，意识到张总正看着我，下意识地问道："张总今天怎么这么早就来了？"

张总拍拍我的肩膀："不早啦，再过十分钟读书会总结会就正式开始了。对了，你们为什么一定要强迫入库的优才们每年上 12 小时的课程呢？每个月都要上一堂课，是不是太频繁了一些啊？"

我完全清醒过来，连忙解释道："不好意思啊，张总，刚才突然联想到人才与业绩之间的关系问题，所有走神了。话说回来，您所带领的事业群真是人才济济啊。"

张总露出自豪的微笑："是啊,这些人都是跟着我一起成长起来的,不仅具备顽强拼搏的精神,而且拥有创新求变的好奇心和学习力。这也多亏你们人资和我们一起搞了九届的读书会。"

"其实,不仅读书会能鼓励大家持续学习、拓展知识,给他人上课也是一种非常有效的方法。张总,在教学相长之外,您有没有听过一个词,叫作'以教代学'?"

"以教代学?"

"是的,以教代学是费曼学习法的核心,简单来说就是一句话:如果你不能向其他人简单地解释一件事,那么你就还没有真正弄懂它。"

"嗯,听上去好像有些道理。"

我继续解释道:"以前有个农村家庭,父亲是文盲,然而家中的一对儿女都考上了清华北大。记者去他家做专访,想要挖掘秘诀所在,父亲和孩子都说了同一件事,就是每次孩子放学后,父亲都要求孩子将所学的内容讲解给父亲听,并且务必要让小学都没读过的父亲也听懂。就是在这个过程中,孩子通过以教代学,更快、更全面地巩固、掌握好自己所学的知识。"

"给别人上课确实能够提升自己,你们给我安排的授课任务,我都要花很多精力、搜集很多素材来准备课件,这个过程也是我对自己最好的总结。"张总感同身受地补充道。

"不仅在准备课件时要提炼总结,在上课预演时还要准备好关联案例和提问,如果要提前考虑听课者的认知水平的话,这一切的准备投入还要翻倍呢!"我对此也是深有体会,颇为感慨地说道,"所以对于每一次授课,不管是上过多次的老课程,还是第一次上的新课程,我觉得对我自己在该方面的知识与能力,都是一种打磨洗涤和全方位的升华。"

"如果从这个角度来说的话,我还是比较认可你们让入库优才每个月上一节课的这种频率，最好是让他们能够准备多维度的新课程，不仅仅是本岗位专业领域的课程。"进入联想思考状态的张总敏锐发现了"以教代学"对管理者的价值所在，进一步给出对于优才库项目入库优才授课指标的完善建议。

"哎，爱国，你刚才说的费曼学习法，主要讲的是啥内容，可以发给我学习一下吗？"好学的张总遇到新知识，一向都是见猎心喜的。

对应张总的提问，我在手机AI工具"文心一言"中进行词条搜寻，得出以下内容：

"费曼制定了一个简单易行的流程：第一步，确定你要学习的目标，可以是一本书，也可以是一门技术；第二步，理解你要学习的对象，准备好相关的资料，把它系统地归纳整理出来；第三步，以教代学，用输出代替输入，模拟一个传授的场景，自己把这些知识讲给别人；第四步，进行回顾和反思，对其中不清楚和有疑义的知识重新学习、回顾和反思，必要时进行再一次输出；最后一步，实现知识的简化和吸收，最终实现有效的运用。"

感觉这些内容提炼得很专业，于是我熟练地复制、粘贴，转发给张总，然后对他说道："张总，费曼学习法的五大步骤，我已经用微信转给您，您查收一下。这个方法，不仅对优才库优才、管理干部有用，对家里小孩的学习也大有帮助。有一本专门的图书叫《费曼学习法》，是比较系统完整的讲解说明，如果有兴趣的话，可以上网买一本。"

"好的，谢了！我马上就去买。"张总在手机中快速找到这本书，和我确认了书名无误后立刻下单。真是高效啊，我情不自禁地对张总拱了拱手，说道："张总，高效执行，佩服！"

张总想了想，突然转过头来，很认真地对我说道："爱国，对于你刚才所说的人才与业绩之间存在关系的事情，我是百分百肯定的。自2020年以来，优才库项目历经三年多时间，你去查一查就知道，我下面的管理干部，80%以上都进入优才班学习了，应该是所有事业群当中比例最高的！"

　　双眼炯炯有神的张总，扫视了一下四周，继续说道："文化的传承、团队的凝聚，不可能仅仅靠着我们几个副总裁和总经理就能实现，中层管理者非常重要。我以前对优才库要求中层管理者去当内训师还有些不理解，今天和你这么深度沟通之后，我发现幸好有优才库的这些硬性要求，所以我们的这些中层干部们都得到了行为上的改变和提升，他们的口才越来越好，团队的凝聚力也变高了，更重要的是在以身作则的传递下，打造学习型组织也不再是一句空口号。我希望优才库项目能再接再厉，把'教学相长'推进为'以教代学'，让公司的人才梯队更上一个新的台阶；我也要求，我们事业群的各个单位，一定要全力支持优才库的工作！"

　　说话间，参与读书会的人员已经陆续到齐，我们这一组的其他四个座位，也由张总下属四个单位的总经理填满。与张总的这次单独沟接近尾声，我紧紧握住张总的手，轻拍了两下他的手背："谢谢张总的支持，我们全力以赴！共同进步！"

　　在与几位总经理点头示意后，大家正襟危坐，等待开场。

　　时钟指向3：30分，读书会主持人马经理走上讲台：

　　"现在，我宣布：我们事业群的第九届读书会总结分享会，正式开始！"

　　……

03　还是不是同学

这是一场酒宴！

很久没有参加酒宴，因为人资工作的敏感性，所以我对内部外部的各种宴请多是微笑婉拒、敬谢不敏。外部的还偶尔要宴请一些关联单位的领导，比如说深度合作的学校校长，当然是我主动发起的才行；而内部的却几乎是全然没有。拒绝的次数多了，各个模块已经习以为常，大家都知道：人资模块的那个负责人，酒量不行，做人呆板不变通，有宴请还是不要再费事邀请他了，省得吃闭门羹；而且不邀请他也没关系，反正他也不会记仇。

确实如此，包括优才班，除了第一期的 T2 优才班在第一次全班聚餐时，因为他们的班长、活动委员、学习委员接二连三邀请我去参加，我才勉强出席过一次，此外再也没有参加过后续优才班聚餐的各种活动。不过，优才班的课外活动确实还是丰富多彩的，不仅有聚餐，还有远足、团建、KTV 等等，主要是因为他们的经费充足：T2 班每位学员 1000 元班费，T3 班每位学员 500 元班费。这是第一期优才班运作之初，在两位班主任和我的精心设计下促成的来之不易的变革式班费制度，此前公司内部的各种训练营，班费最多是 100 元/人。万事开头难，有了第一期的打样，此后优才班班费制度就一届届地传承了下来。

这一场酒宴，参与的人不多，不到二十人；我之所以会破天荒地参加，原因有两个：一个是品质模块副总裁陈总的再三邀请，此前拒绝了两次，这是第三次邀请；另一个更主要的原因是第三次来邀请的人员居然是品质模块管理骨干，优才班第一期、第二期、第三期、第五期、第六期、第七期、第八期的七位代表，各期优才班都有了（为了避开广东人不太喜欢的数字"4"，我们没有第四期优才班）。一方面我佩服品质模块的优才济济，另一方面人资和品质两个模块确实有很多业务需要深度合作，于是，这一场酒宴终于成行。

既然是酒宴，当然无酒不欢。大家坐在一起，总要有个喝酒的话头。好久不参加这种活动的我，已经基本不知道如何劝酒，刚好陈总这天吃了药，也不能喝酒；于是我们两个模块负责人就乐得以椰奶代酒，看着两个模块的核心干部们联谊互动。

酒宴正式启动，陈总端起奶杯，站了起来："第一杯，感谢鲁总对品质模块的照顾，在座的是优才库学员的都站起来，一起敬鲁总一杯！"大圆桌旁，齐刷刷地站起来一片。

我万万没想到第一杯的酒辞居然是这个，环视一圈，除了韦经理之外，大家都站了起来，在座的居然都是优才班的成员！我也是醉了，不得不站起来，回应道："谢谢陈总的盛情邀请，谢谢各位优才的积极学习！韦经理，你作为优才班的班主任，也一起陪一个啊！"坐立不安的韦经理连忙也端着杯子站起来，大家一起干了第一杯！

第二杯，陈总推了我一下，我站起来，咳嗽一声，说道："这一杯，感谢陈总对优才库项目的大力支持，将模块的精英都送进优才库。让我们共同敬陈总一杯！"大家纷纷站起来敬陈总，喝了这第二杯！

第三杯，陈总看了看客户制程中心的植总，植总果断地站了起来，端起杯子说道："这第三杯，受陈总委托，我谨以第三期 T2 优才班学员的身份，敬两位领导、班主任、各位同学一杯，祝大家身体健康、学习进步，拼搏奋进人品高！"

陈总微笑着站起来，补充道："植总说的很对，人资模块看重'人'，品质模块关注'品'，两个模块合作，搞的就是'人品'，人品好的，这一杯就要一口干！"

三杯下肚，桌上的气氛顿时就热烈起来。看着大家热火朝天地自由敬酒，我突然感觉到自己有些冷，仔细审视一番，才发现是喝了冷冻椰子汁的缘故，连忙做出两个决定：决定一，就是告诉服务员，只要常温的椰奶，不要冷藏过的；决定二，就是宣布一条敬酒规则——凡是要敬我酒的，必须先敬过我尊敬的陈总才可以。

"鲁总，哦，不对，应该叫鲁校长，优才库运作至今，你已经算得上是桃李满公司了。这一杯，我代表品质模块的所有优才，感谢你！"陈总端起杯子，以椰奶对椰奶，和我碰了一杯。

"陈总，不敢当啊。校长是总裁，我顶多算是个训导主任。优才库运作三年多，多亏了你老兄的大力支持。今天借花献佛，我敬优秀的优才讲师——陈教授一杯！"我回敬陈总一杯，同时也发自内心地感叹总裁在四年前的高瞻远瞩，激发了一大波后起之秀，他们已然在公司的各个舞台崭露头角……

"鲁总，作为第一期的优才学员，我敬您一杯！"第一期优才学员、品质中心的负责人熊副总端起酒杯走到我的面前，说道，"如果不是刚好优才库把我吸纳进去，我估计现在还在舒适圈里待着。特别感谢优才库项目，给我带来全新的视角，让我启动了职业生涯的第二春。"

我微笑着回应道："谢谢你啊，感谢的话已经心领了。不过敬酒的话，排在第一位的你觉得要敬谁呢？"

熊副总立刻为陈总倒满椰奶："陈总，谢谢您的重视和推荐。我能在优才库有所成长，源头都是您的举荐和支持！您随意，我先干为敬！"说着，就一口喝完了杯中酒。

陈总端起杯子，看着熊副总，说道："一直以来我都认为，你是非常优秀的，直到你成为两个孩子的母亲后，我感觉你开始有些疏于工作了。本来我以为你已经到了躺平的阶段，谁知道你加入优才班学习后，居然重新焕发工作激情，找回当初拼搏奋进的状态，特别是在创新求变方面，给我带来了很多的惊喜。这一杯我也干了，谢谢你！希望能再接再厉！"

看着重新倒满酒站在我面前的熊副总，我没有再推辞，站了起来，和她碰杯后，将杯中的椰奶一饮而尽，然后说道："喝酒要适量，以不醉为原则！再一次感谢你对公司品质文化和技能培训变革工作的支持和推进，希望接下来在基层品质人员的人才梯队建设方面，我们能有更深度的推广合作！"

"一定，我会的！拼搏奋进优才库，开疆辟土真英雄！谢谢鲁总！"熊副总眼神亮了，重新倒满酒杯，又要敬我一杯："鲁总，在我最黯淡失落的时候，是您和陈总的双向支持把我拉出了低谷。我这个人心直口快、口无遮拦，平时工作沟通中如果有什么冒犯之处，还请您多包涵。这一杯，就算是赔礼！"我拦都没拦住，只好也跟着喝了一杯椰奶，摇了摇头，对她叹道："熊副总，如果我醉奶了，你可要对我负责啊！"

当熊副总笑着回座位之后，第二期优才班的朱经理又过来敬酒，然后是第三期、第五期……

我明显觉察到这个趋势来得太快、太猛烈，便赶紧喊了一嗓子："人资模块，要感谢品质模块陈总的同学，抓紧时间啊！"

于是韦经理、路经理，还有人资模块第一期优才班的张副总、马副总，纷纷排队过来敬酒，场面顿时加倍热闹起来……

酒过三巡，大家都已经喝出了微醺的感觉，聊天也没有刚开始那么拘束了，除了喝着椰奶的陈总和我还保持清醒之外，其他人的声音已经渐渐地从"轻声细语"转向"豪言壮语"。

熊副总拿着杯子找到人资的张副总："张副总，我只问你一句话：我们还是不是同学？"

张副总说："是，当然是。如果不是同学，我平时工作过程中哪里可能对你那么好呢？"

"如果还是同学，那我们老同学，就干了这一杯！"

张副总明显已经喝了不少，但还保持着一定的清醒："我们都已经至少喝了三杯了，你怎么还找我喝啊？"

"但是之前喝的都不是因为同学啊，这一杯，是因为我们都是第一期 T2 优才班的，还是不是同学？老同学敬你，你喝不喝？"

"好，优才班的老同学，我一定要和你喝了这一杯！"张副总对于优才班同学还是很有感情的，顿时爽快地和熊副总一饮而尽。

"在座的，还有几个是第一期 T2 的？来，我们老同学一起再干一杯。"张副总居然反客为主，提高嗓门嚷嚷着，顿时有两位同学站了起来。四个人端着酒杯，碰在一起，同时大声喊道："拼搏奋进优才库，开疆辟土真英雄！同学们，干啦！"

这边刚坐下，第二期的优才班同学也站起来走了一个，然后是第三期的植总站了起来，也有两个同学，再然后是第五期、第六期……

第八期的那位副经理站起来时，发现只有她一个，愣了一下，随机应变地叫道："我这一杯，敬优才班的各位学长和学姐！"于是，因为她这一句话，几乎全桌的人又多喝了一杯……

欢乐的时光总是过得很快，接近尾声时，张副总端着杯子走到我的跟前："鲁总，这一杯我一定要敬您！谢谢您过往七年对我的信任和指导。尤其是，我觉得您和总裁推行的这个优才库变革项目，让我看到了公司人才发展的新希望。以前我们和人谈事情，都只是公事公办，没有什么特别交情，现在，很多时候，谈得比较纠结时，就会大喊一声：'还是不是同学！'然后很多纠结的地方就淡化了，事情就继续推进了。这是真的，我深刻地感受到这些变化……"

我低声问张副总："你今天喝了不少，没事吧？"张副总摇了摇头："我已经喝高了，不过，这一杯，我一定要敬您！何况，我刚才已经敬了陈总一杯。"看着他承认喝高了，我知道他还在可控的状态，就放心和他喝了这一杯……

天下无不散的筵席，这一次的酒宴最后在依依不舍中落下了帷幕，我们相约在下次两大模块合作的变革项目有实质性进展后再一起小聚。

最后，陈总和我一起，与大家共同举杯，喝尽杯中的收杯酒。

离开酒店，坐在车上，我启动引擎后，没有开动车子，因为在我的脑海中，不断回响着熊副总和张副总刚才反复强调的那一句话：

"还是不是同学！还是不是同学？还是不是同学？！"

04 跨界思维整合

这是一场思维的变革！

四年前的八月，优才库项目进入筹划阶段，次年年初，第一期正式启动，此后每年平均启动两期，历经四年时间，完成了九期优才班的启动（扣去不存在的第四期，实际是八期十六个班）。

变革来之不易，需要自上而中、自中而下、自下而上的全面造势，特别是自上而下的优先启动，更是关键的一步，因为这是开始，好的开始是成功的一半。

在这重要的数年时间里，作为优才库项目的主推人，同时也是公司人资模块的负责人，我每年向总裁推荐一本书，并经其许可后向公司所有高管每人赠送一本，作为这场思维变革的持续推手之一。

这些书分别是：《合作的力量：群体工作原理与技巧》、《迅捷组织变革：关键在中层》、《疯狗浪：如何应对突如其来的剧变》、《GPT时代人类再腾飞》、《勇往直前》（罗睿兰）。

在这个世界上，没有人能够被其他人说服，能说服你的，只有你自己！

五年前的我，经常熬夜，半夜一点多才睡觉是常态；同时，我也已经养成持续读书的好习惯。我的母亲和妻子，对我的这两个习惯完全不认同、看不过眼，一直唠叨和劝阻，虽然没能改变我，却使之成为家里日常纠纷口角的绝对主角。母亲经常对我说的就是："你读了半辈子书，现在成了上市公司高管，还天天看书，不累吗？没有必要，多休息一下，要保重身体！"妻子经常对我说的是："你能不能早点睡觉啊？要以身作则给孩子们做个好榜样。天天这么晚睡觉，还经常躺在沙发上看电视，看着看着就睡着了，为什么不早点上床睡？在床上睡不是更舒服吗？"

第六章 小中见大

工作挺忙，心情也烦，到家里还时常听到这些"嗡嗡"的唠叨言语，更是烦上添烦、不胜其烦。我也一直没有好的应对办法，就这么艰难地持续煎熬着。

突然，有一天峰回路转，妻子居然开始大力支持我读书，并劝阻母亲对我看书的"口诛笔伐"。究其原因，只有一个，就是她发现我开始自觉地早睡了，便询问我为什么在她苦口婆心劝了十年都没有改变的情况下，突然"开窍"。我仔细回忆后找到真因，告诉她："因为我看了一本书，书名叫作《凌晨四点半》，看完后突然觉得早起对人生非常有意义，就决定要早起。但是书中说到，每天七小时的睡眠如果不能保障的话，白天就会打瞌睡、没精神，实际上也确实如此。所以当我从七点半起床提前到六点半起床时，我就决定十一点半前要睡觉，当我提前到五点半起床时，我就决定十点半前要上床……"

妻子恍然大悟，对我赞叹不已："你之前和我分享的一句话非常正确：没有人能够被说服，能说服你的只有你自己！我劝说你早睡早起这么多年，还抵不上你看了一本书后的效果。所以，我决定：以后全力支持你读书，特别是早起读书！"

是啊，人生成长的五大增效方法，依次为：读万卷书，行万里路，阅人无数，高人指路，自行开悟。所有的改变方法都不如自行开悟、自悟自肯来得有效。毛主席在《矛盾论》中也指出：外因通过内因起作用。

自那以后，我更加坚信读书的力量，将这个事例和总裁分享之后，便取得了总裁对以总裁办名义给高管每年推荐一本书、启动"高管每年齐读一本书"活动的认可批准。

自上而下，对于上层可以去说教，但是他们很难被洗脑，正所谓"都是千年的狐狸，各有各自的道行"，我们能做的就是赠送书籍、助其自悟，此外还有让其外出深造、拓其视野。

这是一场思维的变革！

在第二期 T2/T3 优才班成功启动运作之后，总裁提出一个新问题："优才库是公司整体人才梯队的推动变革项目，你觉得对于公司高管，该怎么培育？"

我认真想了想，斟酌着回答道："这个问题，您才最有发言权，其他人都是思不出其位。其实，我就是您手把手培育出来的公司高管，从刚入职的项目经理到现在的人资模块负责人，我觉得您的这种培育方式非常有效，我也非常幸运，特别感谢总裁。不过，这种近距离言传身教的方式，付出很大，周期也长，估计很难批量培育啊！"

总裁笑骂道："是啊是啊，你这好话说了一大堆，有用的一句都没有。能不能说几句有用的来听听，证明一下我培育你的确有效果？"

我打了个激灵，这可是关键时刻，得拿点干货出来才行，便绞尽脑汁地思索，然后说道："我的建议，就是把可以复制的部分复制提炼一下！"

"什么意思？"总裁追问道。

"过去七年，您先后让我报读了吉大 EMBA、中国行业内领军班课程、广州时代华商人资总监班，让我开阔了视野，跳出了深井，我觉得这些部分是可以复制的。另外，一直以来您对我如研究生导师般言传身教，我觉得这一点也可以部分复制。"停顿了一下，我干脆地反问道："总裁，对于高管的培育，在 T2、T3 之上，我们本来就预留了 T1，是不是可以正式启动了？如果启动，需要公司的投入有两个方面：一方面将候选 T1 人员送出去读 EMBA，另一方面也推动他们实行双导师制，让他们自己邀请公司的经营层——比他们职位高一级以上的非直接领导作为导师，以促其成长。"

总裁沉吟了片刻，微微颔首，说道："你和我想到一块去了。就这么办，你立刻帮我约华工商学院的李院长过来，谈谈 EMBA 报班的事情。其他的就按照你的想法去设计细化方案。"

"T1 优才班的人员名单呢？我已经列出了公司所有的副总裁、助理副总裁、总经理、副总监的人员清单，打印好送给您圈定，可否？"

总裁点头同意："把名单给我，我向董事会汇报确认后告诉你。"

半个月后，T1 优才班的二十五名成员敲定了，其中九名是公司副总裁级，七名是事业部总经理，九名为总监级。公司的高层人才梯队培育正式吹响号角。

这是一场思维的变革！

在优才库项目正式启动后的第三年，格新美公司举办了第二届公司高层经营论坛，公司经营班子的五位领导坐在台上，T1、T2、T3 合计一百多位优才学员坐在台下。

在互动问答环节，T1 学员罗总站起来提问道："非常感谢公司把我们 T1 优才送到华工读 EMBA 的全过程班。我有一个疑问，就是我们到华工去上的课程里面，有不少是关于世界发展史、马列哲学的内容，感觉和我们制造类工厂管理八竿子打不到一起，为什么公司要花这么多钱送我们去上这些华而不实的课程呢？我觉得从公司投入产出比的角度来讲，不太划算啊。"

主持人问道："这个问题你想邀请哪位领导来回答？"

"可否请总裁回答？"罗总说道。

总裁接过主持人递过来的话筒，非常认真地说道："这个问题问得非常好，我隆重请出我们经营班子的唯一一位女性领导人——负责销售的李总回答。大家掌声欢迎！"

李总被总裁突如其来的"将军"给吓了一跳，无可奈何地接过话筒："这个问题本来由总裁回答是最合适不过的，不过，总裁把话筒递给我，也没有出乎我的意料，因为以往在和客户开会的过程中，他已经不止一次干过这种事情啦。"

听了李总巧妙的"过桥"话语，大家哄堂大笑，禁不住为李总的急智和口才鼓起热烈的掌声。掌声稍歇时，李总已经完全平静下来，正式进入回答环节："刚才，罗总的提问是站在工厂负责人的角度，很负责地提了一个关于 ROI（投入产出比）的好问题。确实，如果要完全从性价比角度出发，我们的优才库项目都不需要推行，因为这需要花费公司很多人力、财力和物力，对当期的财务报表而言，只有支出，没有收益。但是，为什么总裁办要大力推动优才库项目呢？原因很简单，因为我们要思考、要面对的不仅仅是今年的经营，更重要的是未来两到三年乃至三到五年的发展。所以，总裁办才会不太那么斤斤计较地在各位身上进行这么多看上去不划算的培育投资。在这里，我建议大家给总裁办、给总裁一波热烈的掌声！"

李总的话语敲击到了大家的内心深处，大家形成深深的共鸣，瞬间又转化为雷鸣般的掌声。这一波的掌声比上一波持续更久，掌声之中还夹杂着好些人真情流露的呐喊声："谢谢总裁、谢谢李总、谢谢公司……"

李总停了一会儿，待掌声稍弱后，继续说道："罗总提到，你在华工 EMBA 上的课程中有些是务虚的内容，与管理和制造无关。你能确定是完全无关，还是仅仅是看上去没有直接的关系？公司对于高管的培育，非常看重；我们看重的，不仅仅是你们当前的敬业精神和管理能力，更看重的是你们在未来迎接挑战和持续学习的能力。当我们在和国外客户沟通时，客户和我们聊的并不仅仅是工厂生产和产品，还会聊政治时事、经济环境、技术趋势等等，所以我们需要更宽广的视野和更多的知识，才能和我们的客户形成同频共振、无碍交流。

"今天，你们每一位 T1 优才，将来都可能遇到更广阔的舞台和更多的挑战，你们的知识面，应对现在可能还行，但这不是你们的目标，也不是公司经营层的目标。以史为鉴，可以知兴替，所有学科到了最后都会上升到哲学层面。希望以罗总为代表的各位优才，好好珍惜你们现在来之不易的开阔视野的学习机会，希望你们未来能触类旁通、举一反三，真正成为经营层面的通才！我的回答到此完毕，接下来请总裁进行正式回答。"

总裁很认真地倾听着李总的回答，这时也很自然地接过李总递过来的话筒，对着大家说道："李总讲解得非常到位。我没有新的补充，就强调李总刚才说过的两点：第一点，我在与客户开会时确实经常把话筒递给李总，因为李总是我们的首席发言人，对客户和市场乃至各方面的知识都非常清楚；第二点，华工 EMBA 的课程设计得非常全面，因为它要培育的就是全面的资深经营管理人才。我一点都不奇怪罗总会问出刚刚的问题，相信在座还有很多人也会这样直接地计算成本。在这里，我要特别提醒大家：这是一场思维的变革，在座各位，包括我在内，都请务必具备空杯和归零心态，保持强大的好奇心和持续学习力。只有跳出专业的深井和舒适区，我们才能在未来赢得更大的舞台，对个人、对公司都是如此！谢谢大家！"

又一次，掌声雷动……

这是一场思维的变革！

人工智能时代扑面而来，未来学家指出，人类个体要想在人机竞争的时代保有竞争力，就必须努力精进六个方面的能力，它们分别是：创新创意能力、跨界整合能力、员工关怀与共情能力、讲故事的能力、玩游戏与游戏设计能力、寻找意义感的能力。

其中，最能形成个人竞争力的，就是跨界整合能力：只要你具备跨界思维，能运用跨界思维整合各项资源，你就能够获取更高的效率、更低的成本和更大的收益。未来的时代，不仅有人人互联的人脉关系网络，也有机机互联的互联网和物联网，更会迎来包含人机协作结合的万物互联网络。

这是一个最好的时代，这是一个最坏的时代！

对你而言，是好是坏，起决定作用的不是外因，因为毛爷爷说了，外因通过内因起作用。外在环境不论怎么变化，总会有与时俱进者能拥抱未来，踏在巨浪之上。这是一个只有你拼命奔跑才能停留在原地的时代！

在公司内部，优才库项目就是对这个VUCA时代积极应对的重要一环；在优才库项目中，通过"三创、三选、三练"的各项培育制度落地，提升公司管理干部的跨界思维和跨界整合能力，就是对VUCA时代积极应对的优才培育方案的核心。

21世纪，最重要的就是人才，如果还要加上两个形容词，就是具备跨界思维和整合能力的、公司自己的人才！

这，是一场思维的变革！

05 "敢做接锅侠"

这是一段挑战之旅!

在优才库项目首届启动大会上,总裁就喊出一句惊醒四座的口号:"真正的优才,不会害怕背锅;正好相反,如果你想获得更大的成长,就必须'敢做接锅侠'!"

何谓"接锅侠"?

在游戏领域中,"接锅侠"指的是为之前犯的错误或问题主动负责的人,通常他是那个需要为失败承担责任的人。而在现实生活中,"接锅侠"最常被用来形容那些勇于承担责任、为他人解决问题的将才。

在优秀的企业内部,每时每刻都有很多项目在紧锣密鼓地启动、开展、迭代,而在新产品开发和产销平衡的日常经营过程中,经常会出现人、机、料、法、环等各个维度的突发问题亟待解决。通常,每一个新项目、每一类问题都会有专门的人来负责应对,这就是所谓的"事事有人干"。但是,有可能出现的一种突发问题就是,首发负责新项目或解决问题的人没能搞定,中途或主动或被动地"脱离"战场。这个时候,组织就需要找到有能力穿越火线、迎难而上的承接者,这个承接者不仅要愿意承接前任留下来的这个"锅",还要有信心、有能力把"锅"接稳、接好,最终化危为安、赢得胜利。

这样的人,就是总裁所说的"接锅侠",也是任何公司都急切需要的真正优才,这种优才越多越好、多多益善!

有一个歌手,名字叫梁静茹,她有一首成名曲,一度风靡 KTV,成为万千男女遭遇挫折和逆境委屈时的首选金曲,这首歌的名字,叫作《勇气》。我还在深圳上班的时候,经常去 KTV,经常听到我的同事、朋友点唱这首《勇气》。审视之后,我非常愕然地发现了一个事实,就是他们之所以会大声唱《勇气》,往往是因为当下没有或缺乏勇气。

从这一点来延伸思考，在优才库项目运作之初，总裁倡议大家要"敢做接锅侠"，其潜台词就是当时公司没有或缺乏"接锅侠"。公司创新需要有突破者，公司变革需要有先行者，公司发展需要有更多的开拓拼搏者，这些都需要公司人才梯队中涌现出更多的"接锅侠"。这是关系公司发展存续的重要事项，而这个重担，总裁办非常郑重地交给优才库项目，交到人力资源模块手中。

人力资源管理的使命，就是为公司战略的实现提供全方位人力资源的保障。

这是一段挑战之旅！

如何才能让越来越多的公司管理干部成为公司所需的"接锅侠"呢？接受新的挑战，改善、解决旧的"老大难"问题，这需要大家勇于打破自身原有的桎梏和边界，跳出舒适区。

在变革时代，有一句话令人耳熟能详："不换脑袋就换人。"可是，我们公司是一家有爱的民营企业，我们的中层管理者近90%都已经在公司工作十年以上，而高管之中资历最浅的就是2010年加入公司的我，这一切明里暗里地诉说着一个事实：公司的文化不允许我们大刀阔斧地更换管理者！

前文提到人才的两大悖论，其实在公司内部也能很明显地察觉到。外来的高端人才可能更能干、更愿意推动变革，但不一定能适应和存活下来，特别是在本土老员工全面的虎视眈眈之下；高薪酬的外来者还很容易引起内部原有管理者对自己低薪酬的不满和躁动。

左右为难，真是"牵一发而动全局"啊！

迫于现状与目标的落差，首届启动大会召开半年后，我不得不找到总裁，提出我的建议和所需的支持："总裁，大家对您所提到的'敢做接锅侠'都非常有感触，特别是听了您介绍您自己的成长经历，大家都感到非常鼓舞，不少人跃跃欲试，有挑战新项目的想法，比如谢生、正军、宝库等,都提出希望总裁办有新项目时,优先考虑他们。"

"出门看天色,进门观脸色",刚进办公室时我就注意到总裁脸上的神情比较严肃,所以先以事实恭维了总裁一番。总裁听了之后,果然露出一丝笑容:"这很好啊,你可以告诉谢生和宝库,马上就有机会了。"

看见一缕阳光,我赶紧就灿烂地接上:"好的,谢谢总裁。总裁,关于促成大家勇于承担、'敢做接锅侠'的这项工作,我有三点想法向您汇报确认,希望得到您的支持和资源支援。"

总裁回复了一条手机微信后,对我说道:"你先说说看!"

"目前公司逾千名经理级及以上的干部中,90%都是在公司待了十年以上的老员工,我不建议大批更换。虽然说外面的人才很多,但是很贵,而且不一定适合公司。所以我的第一个建议是:重点加大对存量管理干部的培育,通过优才库项目的'三创、三选、三练',对他们进行变革思维的引导,让他们做出跳出舒适区的实践尝试,同时通过教学相长、以教代学的方式让副总裁们也自发地成为变革先锋领头人。"

总裁伸手做了一个"OK"的手势,淡淡地说道:"这个我们之前已经谈得很清楚了,我同意。"

"不过,这一项需要您的一点支持:我想邀请您给优才班学员授课,因为您的影响力巨大,您给大家上课的引导效果会非常大!"

总裁想了想,反问我一个问题:"你觉得如果董事会和总裁办的领导都去给你们讲课,对你推行优才库项目来说是好事还是坏事?"我闻言愣了一下,下意识地回答道:"那当然是好事啊!"

"你不用这么快回答我。优才库项目主要是我和你两个人启动推进的,其他高层领导此前的参与度并不高,他们算是和我一起授权给你来操盘推动这个项目。如果你现在邀请我去上课,那要不要邀请他们?不邀请肯定就不合适吧?如果邀请了,他们也是非常有想法的人,如果他们提出一个新的想法,告诉了你,你执行还是不执行?如果这个想法和我们之前的设计不一致的话，你怎么应对？"

总裁的明示点醒了我，我连连点头，感激地说道："总裁说的是，令出一孔为宜，我明白了，谢谢总裁！接下来，第二点建议，考虑到有些干部可能光靠培训很难扭转思维，所以我建议加大更下一层次高潜人才的培育，通过源源不断、自下而上的基层、年轻人才提升，一方面给现有管理干部形成自发改善的压力，另一方面也会有足够的储备人才来迭代实在跟不上的管理者。"

总裁露出赞许的神色，笑道："这一点我非常认可，'问渠那能清如水，为有源头活水来'！很好，你需要我怎么支持你？"

我有些激动，快速说道："需要您支持的有两个方面：一方面是我计划将优才库项目往下推广，涵盖到工程师级和普通职员级，在 T2、T3 之下设立 T5 优才库，以各个行业协会为主来筹建，人资协助，毕业入库的 T5 优才可以享受每月 500 元的优才津贴。如果您同意，我需要您任命我为公司 HRBP 委员会主任，同时任命各行业协会具体负责人作为行业协会的 HRBP，负责兼职推动此事。另一方面，正如您所说的'为有源头活水来'，我希望能扩大公司对应届毕业生的招生规模，同时对 2017 年开始招收的新干班启动高潜人才评定并给予高潜津贴。"

总裁想了想，说道："大方向我同意。你计算一下 T5 优才库的预算和新干班高潜人才的预算分别是多少，预算出来后再找我过一下。"

"太好了，谢谢总裁的支持！"欣喜之余，我也抓紧时间说出了第三项建议："优才毕业入库后，能不能赋予人资协商调动的权力？因为我计划对所有空缺的管理岗位采用竞聘上岗运作，要求竞聘的候选人来自三个渠道：原来部门的核心骨干自荐、行业协会的人才举荐、跨单位的入库优才推荐。如果优才本人愿意，且竞聘成功了，人资模块可否在通知原单位负责人后一个月内安排竞聘成功的优才调动？"

这一次，总裁沉默了很久，才缓缓地说道："你知道我的担心，这可能会对公司内部人才的稳定性造成很大的冲击。"

"我明白，可是如果不这样做，'敢做接锅侠'的优才可能也没有太多机会挑战自我，因为目前的情况就是大家都很重视人才，但是本位主义比较强，自己的下属宁可让其离职也不能随便放到其他部门去晋升。而且华为很多年前就已经开发了人才内部流动平台，有效解决了人才跨部门难题。所以，我强烈建议，您能给优才库和干部竞聘开个试点的口子，我们会确保调动者在六个月内工资不变，避免内部高薪挖人！"

又是一阵沉默，总裁摇了摇头，又揉了揉眉头，想了好一会儿，才终于开口道："允许优才库项目小范围试点，不要大范围宣传；有些事情，可以做不可说！"

"遵令！"我站了起来，向总裁敬了个礼，"保证完成任务！"

这是一段挑战之旅！

疫情期间，因应美国客户的要求，公司在海外加速建立生产基地，首批选拔的十名派驻干部中有五名是主动报名的优才学员，自此拉开了公司海外开疆辟土的序幕……

四月份，我乘着飞往越南的飞机，前往已经初具规模的越南工厂。此行的目标之一，就是慰问在国外打拼的派驻人员。临行前我特意查看人员档案，发现三十位派驻干部中有十五人是优才学员，另外还有十人曾经报名优才库却未能入围。

在与派驻海外的优才学员进行座谈时，我问他们为什么愿意"抛妻弃子"、远出国门，来到这个一穷二白的新工厂。大多数人的回答都是源自两个原因：第一个就是受到总裁提出的"敢做接锅侠"倡议（总裁的这段经典发言被优才库项目组制作成了视频，每期优才班学员必看）的影响，第二个就是被优才库的入库口号所激励。

做代表发言的第五期 T3 优才任经理笑着分享道："鲁总，我们现在才知道为什么当初在优才库开班和师徒签约的两场大会上，你们都要把优才库的入库口号大张旗鼓地张贴出来，在我们开班宣誓的时候还要我们大声喊三遍：'拼搏奋进优才库，开疆辟土真英雄！'这确实是有先见之明，原来在这里等着我们啊！"

第三期 T2 的梁总也补充道："领导叫我来，本来我还不太愿意，可是脑袋里不知道怎么就冒出'开疆辟土真英雄'几个字来，然后鬼使神差地就答应了……应该就是被优才班培育时给洗脑了！"

听了大家的分享，我更加钦佩总裁的高瞻远瞩，同时对大家说道："恭喜你们，人生的足迹随着公司的海外扩张而踏出国门，很多国人这一辈子都还没有出过国，而你们已经走在前面。更厉害的是，在你们的拼搏努力下，初步实现了公司开疆辟土的大战略，更广阔的舞台就在你们的面前。作为公司优才库的佼佼者，勇敢跳出舒适圈的你们，敢为'接锅侠'的你们，敢于为了家庭和公司未来更幸福而坚持奋斗的你们，你们每一个，都是好样的！在这里，我代表优才库项目组感谢你们，你们无愧于公司优才的称号，公司因你们而出彩！"

说完我给大家深鞠了一个躬。在热烈的掌声背后，我感受到了大家真挚而强烈的对公司的凝聚力、信任和自豪感。

是的，我是优才，我骄傲！

也有多次申请加入优才库却依然不是优才的同仁，在和我单独聊天时，提到了他的苦涩和坚持。

在危难之际主动接手海外实验室工作的孔工，骨子里是一位文学青年，也是公司文学社团的会长。在 4 月 17 日晚上 7 点，他带我参观越南工厂简约的实验室后，拉着我聊了半个多小时，从他如何临危受命，到异国他乡艰难适应，到新的岗位面对挑剔的客户，再到如何与貌似忠厚却内有小九九的当地员工相处，最后成功建立跨国小团队赢得了客户的认可……听着他娓娓的讲述，我感受到"接锅侠"背后的艰辛和不易。

聊到最后，孔工对我说："鲁总，你知道我为什么报了三次优才库都没有成功，但仍然没有放弃吗？"

"你报了三次优才库都没有成功入围，这是我们项目组的疏失。不过，你这种坚持不懈、勇做'接锅侠'的精神，确实是优才库所推崇的，现在的你，已经不是优才而胜似优才！"

"对，就是总裁所倡议的'敢做接锅侠'那段视频感染了我。我知道，如果我不争取跳出舒适圈，承接公司认可的有价值的项目，我估计就得在原来的岗位上默默无闻地干一辈子，像个螺丝钉一样，饿不死，却也永远没有晋升的机会。所以我主动跳出舒适圈，说服了家人，争取出来。但是我也不确定我还有没有发展机会，我今年41岁了，虽然挂着实验室负责人的名号，实质上却只是个工程师，连主管都不算。鲁总，您是过来人，能不能给我一些建议？"

我看着这个在公司三出三进、仍然拼搏奋进的中年男人，拍了拍他的肩膀，说道："孔工，你现在已经站在了最正确的位置上。公司一直以来最看重的就是 VoC（用户的声音），最近和未来几年最重要的战略就是海外建厂，这两点你目前都走在了前沿。所以，当下不杂，不忘初心，坚持做到最好，你就一定是能开疆辟土的真英雄！记住，我们公司和华为一样，是不会让奋斗者吃亏的！"

"谢谢鲁总，我一定坚守这个重要岗位，让客户满意，让公司放心！"

12 天后，在我回到国内时，孔工发了一个微信给我："鲁总，感谢您前几天来实验室看我，给我工作上的指导……希望我的亲身经历，您以后出书的话，能用得上。"

所以，我特别将孔工这一段"敢做接锅侠"的经历概述于此，再次感谢孔工的拼搏与共享，感谢人生的每一段相遇。

人生的意义就在于经历更多的经历，特别是对自己有挑战性的经历！公司优才库培育的大多数优才，都愿意并且"敢做接锅侠"。

因为，这，就是一段挑战之旅！

06　融化部门墙

这是一波信任的红利！

高效的企业与低效的企业，效率到底相差多少？

有一位做教培的企业老板，是我的师弟，他在教培行业大整顿之前，已经拥有五家培训学校，成为当地首屈一指的教培领军人物。有一次和我一起吃饭聊天，他问道："师兄，你知道我前些天到青岛参加全国教培行业交流大会，最大的收获是什么吗？"

我笑道："林校，你知道我最佩服你的一点是什么吗？就是在企业越做越大的时候仍然坚持学习。这次又学到了什么好东西啊？"林校叹了口气，有些惆怅地说道："我发现行业中最牛的企业，他们给我们做分享时所讲的那些内容，和我现在安排在做的居然一模一样！"

"这么牛？"我很诧异地打趣道，"你现在的思路已经这么牛了，那全国行业老大的地位有些危险啊！""别闹，听我说完。"林校继续说道，"我和行业老大还差着十万八千里呢。我发现我做的前十个事情和他们列出来的 Top10 事项是一样的，可是如果说他们每项都做到了 100 分，我可能只做到了 50—60 分。你说这到底是为什么？"

"如果十个 100% 相乘，还是等于 100%；可如果十个 60% 相乘，估计连 1% 都不到了。这确实是很大的差距。我不懂教培行业，你是专家，快说说，为什么会差这么大呢？"我快速计算了一下数字差距，更能理解林校的惆怅，忍不住反问他其中缘由。

"我能找到的原因就是三个：人才、人才、人才！"林校抿了一口酒,然后解释道:"这三个人才的含义都是不一样的:第一个人才,说的是我缺乏帮我实现战略落地的经营人才,可能我有一两个人才,但数量不够,质量也不够好;第二个人才,说的是我的人才还是不够拼,很难像我这样拼命学习和竭尽全力,总感觉他们缺少一些激情;第三个人才,是我觉得人才之间的默契不够,很多时候做事时,特别是多部门协作时,总是少了那么一些灵性和高效,或者说,是部门与部门间少了一种背靠背的信任。这让我很多时候感觉到心有余而力不足啊……"

这一段对话场景,我经常想起,每次想起来的时候,就不自觉地计算着,高效的企业与低效的企业,效率相差居然超过一百倍。为什么会这样?就如我的师弟林校所提到的,人才难得!一方面是能够有效推动战略落地的经营人才可遇不可求;另一方面就是人与人之间的信任难得,不管是一个好汉三个帮,还是跨部门协作,都需要信任,"信足以一异""信可以使守约",因为人无信不立。

高效的企业都是高度享受组织内部信任红利的企业,低效的企业往往是需要支付额外信任税的企业。如果两家企业拥有同样数量和质量的人才,但人才间的信任度存在差异,也将带来组织效率的巨大差异:高信任度的企业可能拥有140%的高效率,低信任度的那家企业的效率则可能仅有20%,甚至更低(如图6-1所示)。

优才库项目追求的是企业人才的可持续发展和及时性供给。对一个企业来说,人才是重要的,但更重要的是要有忠诚于公司的、富有激情的人才,这样的人才方能真正对自己的工作负责。忠诚不是什么对某个领导表忠心、鞍前马后、溜须拍马,而是对公司的整体和细节利益有着热忱和关心,对本职工作有着一丝不苟的责任与担当。

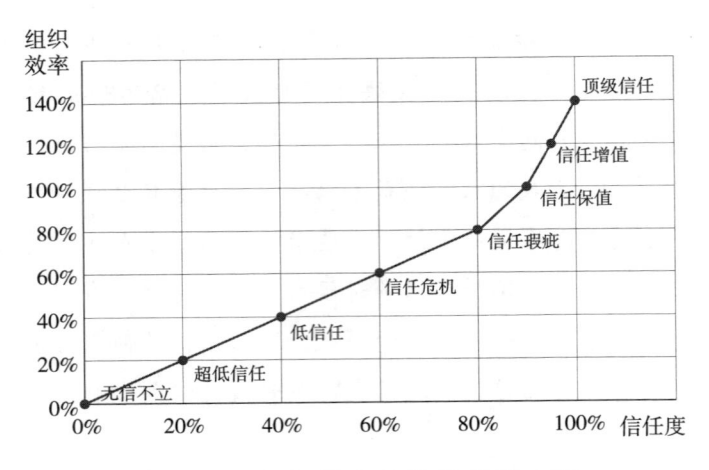

图 6-1　组织效率与信任关系一览

要想获得员工忠诚和自动自发的责任感，除了倡议他们"敢做接锅侠"外，还需要有一系列的激励机制来赏善罚恶。因为情感需要依靠理智才能保持稳定，公正、公平、公开的激励机制是理智衡量的重要因素；同样，若想摧毁一个组织的士气，不公正的、不诚信的机制就能轻松办到，最好的方式就是营造"只有玩手段才能获得晋升"的工作氛围。

如上图 6-1 所示，信任能带来组织的高效运作，无信不立，人和组织都是如此。无价而发自内心的信赖感所产生的依附与忠诚，是人世间最宝贵的情感和财富；信任催生忠诚，员工忠诚就是组织的命脉；一个忠诚度很高的公司自然能团结凝聚，其在商战中的战斗力将是不可估量的。所有优秀公司都有一个共识：培育忠诚度，是育才的关键；有无忠诚度，是选用人才的重要衡量标准。

五年以前，公司内部的氛围有点像是任人唯亲、山头林立。我的前任李总有一次和我聊天，问我道："爱国，你知不知道公司的水很深，各处山头林立、拉帮结派？"我认真想了想，回答道："好像确实会有，不过我没有太多的亲身体会。"

快退休的李总笑道："那是因为你身上打着总裁的标签，所以大家对你格外客气而已。我们人资的工作重心就是要减少乃至最大化消除这种现象，太多山头、派系，对企业的发展是大忌，很容易滋生官僚主义，叠加低效的、厚重的部门墙！不过，这项工作实在是太不容易、太艰难了！"

"明白，您说的官僚主义是一种大企业病，我在富士康时就有感受，不过富士康通过流程信息化做到了很大的改善。而您提到的部门墙，总裁办自十三年前开始大力推动流程变革，应该也打通了不少部门墙吧？"

李总将身体往后仰，慵懒地靠在座椅上，抬头看着天花板，喃喃说道："没有那么容易的，很多事情总是此消彼长，并不是推动了BPR（业务流程再造）之后就能一劳永逸。要真正打通、融化部门墙，重要的还是人心，需要打动各级管理者的人心！而人心这个东西，是最难琢磨的！我老了，要退居二线了，以后就看你的了……"

打通部门墙，要从人心着手，更应从自身做起。

四年前，在董事会和总裁支持下，我在人资模块内部做出重要部门的轮岗调整：将加入公司近十年、参照富士康普工运作模式设立的普工招募中心首任负责人马副总进行了调岗，让她与另一个七年前创立的技匠管理部负责人互换岗位。离开自己亲手创建并一直带领八年之久的大部门，马副总非常不舒服，短短半年内，找我诉苦、哭诉了不下三次。当她第二次找我之后，我的心情有些波动，因为恰好当时两个部门在更换负责人之后都出现了一系列的问题，让我处理起来有些焦头烂额、疲于奔命，于是我在与总裁开会时忍不住向总裁说明情况并请求其指点。

"总裁，这次轮岗会不会有些太仓促？我感觉心中没底，不知道做得对不对，后续到底该不该坚持。"

"爱国，我能理解你现阶段的状况频出，也能接受这一段时期的动荡。问你一个问题：如果马副总离职了，你觉得普工招募中心要不要运作下去，能不能运作好？"

"那肯定是要运行下去的,我也有信心能让它运作好,不过初期可能运作效果方面会有一些影响吧!"我缓慢而坚定地回答道。

"如果是这样的话,你就更需要坚定地安排轮岗。我之所以支持你提出的内部轮岗,就是因为我们不能让优秀的人才长期待在一个部门,陷入舒适区,久而久之这个人才就废了。另外,人资管理的本职工作之一就是帮企业降低人的不可替代性。没有人是不可替代的,在公司,除了董事长之外,每一个人不在了,公司都能照常运转,包括我在内!"总裁眼睛炯炯有神地看着我,寓意深远地说道。

"明白啦!"我坚定了自己的初衷,并在马副总第三次来找我时,将总裁提出的第一个目的向她进行深度说明。

"马副总,恭喜你终于跳出了舒适区,这也是我推荐你加入第一期优才库的目的所在……"一边说着,我一边拿着纸巾递给梨花带雨的马副总……经过约一小时的沟通畅谈之后,马副总擦干眼泪,微笑着抬头,对我说道:"谢谢鲁总,我明白了,不破不立!作为优才,我有开疆辟土的觉悟和自信。请您放心,现在遇到的问题我一定可以解决,还一定可以将部门以前遗留下来的老大难问题也一并扒拉出来解决掉!"

我伸出手,和马副总轻轻地击了一掌:"记住,对你而言,我对你的信任最为重要,不要在意其他人的流言蜚语;同样,对我而言,你对我的信任和忠诚也是我最看重的。让我们互相保持着这种信任,携手共进!"

同样的话,新接手普工招募中心的温部长也对我承诺过。

信任的土壤能结出丰硕的果实,在坚持运作九个月之后,两个单位都豁然开朗,焕发出勃勃生机。仍然是原来单位的那些人,却已然创新增效,各自迎来了全新的局面。

于是,两年后,食髓知味的我在人资模块启动更大一轮的组织变革,将原来的人资中心六大部门合并为三个大部门,正式启动人资三支柱模式,加速公司内部融化部门墙的推进……

时光转瞬就过去了四年，我坐在当初李总的办公室里，看着我改造后的办公室墙上挂满的宣传板，上面依次写着："我们的使命：推动改善，在成就公司卓越前进的不懈探索中成就自我！""我们的精神：坚持、拼搏。""我们的原则：诚信、正直。""我们的用人理念：能者上、平者让、庸者下，资源向关键人才倾斜。"……

回想着与各位副总裁的互动、对各位优才库学员的回访，看着手头优才库优才们的成长数据表，我的头脑中不由自主地回忆起李总当年所说的那句话："要真正打通、融化部门墙，重要的还是人心，需要打动各级管理者的人心！"

是啊，人的习惯是在不知不觉中养成的，是某种行为、思想、态度在脑海深处逐步成形的一个漫长的过程。因其形成不易，所以一旦某种习惯养成，就具有很强的惯性，很难根除，它总是在潜意识里指引着你，要去哪里，要做什么。

当优才库学员历经磨炼、成功毕业时，他们已经突破了个人舒适圈、通过了闯关考核、开阔了思维视野、烙印了公司文化价值、开启了教人自悟模式、激发了"敢做接锅侠"的热情、打通了遍布全司的同学人脉网；这样的一群人，一大群人，超过1000位的公司管理人员，他们所能发挥的作用有多大呢，对公司而言？对员工而言？对融化部门墙而言？

带着这个问题，在2023年年中，我发动优才库项目组，开始了最大一轮的调研，涵盖了公司各级管理人员、职员和一线员工，经过记名、不记名和面对面访谈之后，终于得出一个令人惊喜的结论：

合计17800余人（其中管理者1208人，职员4925人）的调研反馈数据显示，他们对部门领导人的员工关爱度评价为4.5星，对部门文化传承认可度评价为4.6星，对跨部门沟通的便利度评价为4.3星。三项反馈均达到五年来的峰值（五年前我们才刚开始展开此类调研）！

融化部门墙，行之不易。每个人都有自己的小九九，要想真正打破、融化部门墙，唯有让大多数部门管理者跳出本部门的竖井，横向增广见闻，真正懂得以公司文化价值观为指引，学会以全局流程优化为抓手，掌握更多的与时俱进的新认知、新技能，勇于拥抱越来越多的发展机会，才能做到，就能做到！

如果有哪家单位没能达到预期，那就是机制引导尚不够，人才迭代尚不足，深化运作尚待持续！

人工智能已来，改善永无止境。临到本书的收尾之际，我仍在思考着一个问题："接下来，为了维持来之不易的人才梯队成果，为了持续变革、拥抱不断变化的未来，公司对于优才库项目，我们，还要、还可以、还应该做什么呢？"

独乐乐不如众乐乐，这个问题需要发散性思维，欢迎读者朋友们一起来思考、拓展！

尾声 学我者生，似我者亡！

目标是什么？

目标是目的标杆，是 GO And Lead（去引领），是眼睛看得见的标的物，是有的放矢的标靶；目标就是你想要达到的成果。

生产力是什么？

生产力是把一个人或一个组织带向目标的行动。每个能让我们更接近目标的行动，都是有生产力的；每个不能让我们更接近目标的行动，都没有生产力。

假如我朝着目标迈进，那么我就有生产力；如果没有朝着目标迈进，那就没有生产力。所以，除非你知道目标是什么，否则生产力就毫无意义可言。

笔者从事过九年 IE（工业工程师），将生产力奉为圭臬。所以临到本书结尾，我要从生产力的角度来复盘本书的目标达成情况。

本书的书名全称为《游戏设计工作——涌现：低成本玩转人才梯队》，顾名思义，书名中就包含了作者希望达成的三个目标：

第一个目标：游戏设计工作。

第二个目标：涌现人才梯队。

第三个目标：低成本玩转。

关于第一个目标——游戏设计工作：在整个优才库项目运作机制政策设计中，已经全方位地展开游戏设计，书中各章节的介绍中也可找到不少于十五处的游戏化设计案例。游戏化的基本特征就是积分、勋章、排行榜，有兴趣的读者可以找找看！

关于第二个目标——涌现人才梯队：我在 2024 年年底和总裁的一次面对面沟通中，进行过认真的请教，请他以全局观对优才库项目进行评价。总裁的评价很简单，就一句反问："你觉得公司的销售规模五年增长 60%，外来引入的人才多不多？有没有明显的人才缺口？"我回答得很干脆："不多，没有。"我由此理解了总裁的评价内核，在公司规模成长超过 60% 的情况下，优才库项目基本满足了公司发展所需的人

尾声：学我者生，似我者亡！

才内部供给。确实如此，除了 800 余名管理人才进入 T1、T2、T3 优才库之外，还有逾千名后备人才在各行业协会的 T5、T6 优才班里涌现出来！整个公司的干部年轻化和学历指数得到显著提升。

关于第三个目标——低成本玩转：这应该也是所有企业经营者最关心的问题。人才梯队建设是不是可以低成本玩转？到底要花多少钱？

仔细盘算了一下，整个优才库项目涉及三笔费用支出：

第一笔花费是直接人工，就是项目组的人力投入，基本为零投入，因为优才库项目组的核心成员都是兼职，没有额外雇用人手，而最高的班主任兼职补贴也就 1000 元/月，该项总支出不超过 3000 元/月。

第二笔成本是培育费用，对于优才班的人员培训和内外部拓展，除去 T1 人员到华工就读 EMBA 全过程班有一笔较大的投入（纳入总裁办专项支出）外，其他的预算拨款就是 5 万—10 万/年，主要原因是内部讲师比较便宜，外部请的两位教授到公司授课也都是友情价，而优才班的班级活动基本都是依靠他们自己缴纳的班费。每年 200 个优才学员，人均年花费约 800 元。

第三笔成本比较高，是优才库入库优才的补贴预算。优才学员毕业、成功进入优才库之后，在其下次晋升调薪之前，可享受 1000 元或 800 元/月的优才津贴，最多可享受两年，若其间有晋升调薪，则即刻取消。

整体而言，对比过往七年公司营收增长 60% 情况下的人工费用率趋势（如图 7-1 所示），低成本玩转的目标可谓名副其实！

经过复盘，优才库项目和本书的目标皆可确定为阶段性达成。之所以这么说，是因为在"移动互联+"已经如火如荼地全面转向"人工智能+"的时代，人资的工作有越来越多新的挑战，改善永无止境。

涌现：低成本玩转人才梯队

图 7-1　公司七年营收增长 60% 情况下的人工费用率趋势

2024 年 9 月，美国高德纳（Gartner）发布了 Top 5 Priorities for HR Leaders in 2025（2025 年人资领导者的五大优先事项），排在首位的就是核心人才发展，其中连续三年入围的是变革管理（见表 7-1 Gartner《2023—2025 年人资领导者的五大优先事项》）。这两项工作事项正好是公司优才库项目运作的重心所在，可谓大道同行、不谋而合。

表 7-1　Gartner《2023—2025 年人资领导者的五大优先事项》

Source：Gartner Top 5 Priorities for HR Leaders in 2023、2024、2025

	2025	2024	2023
1	Leader and manager development（领导者和管理者的发展）	Leader and manager development（领导者和管理者的发展）	Leader and manager effectiveness（领导力和管理效能）
2	Organizational culture（组织文化）	Organizational culture（组织文化）	Organizational design and change management（组织设计和变革管理）

续 表

	2025	2024	2023
3	Strategic workforce planning（策略劳动力规划）	HR technology（HR技术）	Employee experience（员工体验）
4	Change management（变革管理）	Change management（变革管理）	Recruiting（招聘）
5	HR technology（HR技术）	Career management and internal mobility（职业发展与内部流动性）	Future of work（未来工作）

"天下大势，浩浩荡荡，顺之者昌，逆之者亡！"

随着人工智能的愈演愈烈，未来职场中，人机协作必将越来越重要；在 2024 年 7 月份出版的《教育新语》中，作者萨尔曼·可汗明确指出："这不是演习。生成式人工智能将持续存在，人工智能海啸正在从远处向我们袭来。面对逃避还是乘风破浪的选择，我们应该双脚跳进去，同时采取适当的预防措施，这样我们就不会被漂浮物击中。我们每个人都有义务确保负责任地使用这项技术。"

见微知著，乃显智者本色；未雨绸缪，方为博谋之长！

有一次，总裁问我："你知道我们为什么不完全复制富士康、华为或者飞利浦这些世界 500 强中顶尖企业的人才梯队管理方案吗？"我答："橘生淮南则为橘，生于淮北则为枳！我们可以借鉴它们的思路，但是不能全盘照搬。我们必须走有我们公司自己特色的路，因为适合自己的才是最好的！"

总裁微笑道："你说的对。学我者生，似我者亡！"

希望看到最后这一页的朋友，能记住这句话，可以学习思维，可以学习某一点机制，但是不要全盘照搬复制，只有推陈出新、与时俱进才是 AI 时代的最佳出路。

因为：学我者生，似我者亡！

学的是什么？

学的就是创新；创新就是：一抄、二改、三创新！

鲁爱国

落笔于 2025 年 1 月 2 日

再次恭喜你成功进入本书的"速成游戏第三关"!

第三步描述:游戏任务通人生

幸运值是每个人的基本面,可以换取人生通常追求的"名、利、权"。

在本书游戏中,可以用拥有的幸运值,兑换通往"名、利、权"三个方向的游戏任务。

选择"成名之路"任务者,在确保有足够的幸运值后,可扫码进入小程序,开启你的"成名之路"任务,任务期限为三个月。具体任务描述详见"成名之路"任务说明书。

选择"获利之路"任务者,在确保有足够的幸运值后,可扫码进入小程序,开启你的"获利之路"任务,任务期限为六个月。具体任务描述详见"获利之路"任务说明书。

选择"权力之路"任务者,在确保有足够的幸运值后,可扫码进入小程序,开启你的"权力之路"任务,任务期限为十二个月。具体任务描述详见"权力之路"任务说明书。

任务期限内完成所选取的任务者,将留名对应的"将才榜"之中。

无论是否完成所选取的任务,但凡仍有幸运值者,都可选取其他任务进行挑战!

生命的意义在于经历更多的经历!
游戏设计人生,你的全新精彩生命的第一天,从此刻开始拉开帷幕……

恭喜你成功进入本书的"速成游戏第二关"!

第二步描述:闯关获取幸运

(1)请打开本书目录,找到你所选中的三个幸运数字章节,认真阅读章节内容。

(2)阅读完成后,请扫码进入本书小程序页面,开始答题闯关(题目答案尽在相关章节中)。

游戏设计工作

(3)闯关通过,获取幸运值。请慎重决定是否抽取幸运任务。(如果选择"是",可参考下一页的"第三步描述")

小贴士:

在小程序闯关通过后,除了幸运值之外,还会随机获得以下惊喜:

(1)制造型企业人资领域的常见岗位及其胜任力素质名单;

(2)最喜欢的人资岗位能力测评/奇思妙想心理测评;

(3)经营沙盘/领导力沙盘/项目管理沙盘的完整教材。

第一步描述：做出你的选择

（1）从上表中选出三个你喜欢的章节幸运数字，填写到以下括号中：

（   ）、（   ）、（   ）

（2）扫码进入本书小程序页面，输入你的幸运数字。

（3）在小程序中选择是否进行幸运闯关。（如果选择"是"，可参考下一页的"第二步描述"）

游戏设计工作

	变革之始	立局之要	请君入瓮	梅花三弄	破茧成蝶	小中见大
000 引言： 你认为公司有人才梯队吗？	101 人才天花板	201 保密还是公开	301 没人报名咋整	401 拼搏奋进优才库	501 优才养成之路	601 文化如何传承
	102 刘备的首次晋升	202 完美还是完善	302 报名太多咋弄	402 7-2-1法则	502 如何发展会员	602 教学相长 vs 以教代学
700 尾声： 学我者生，似我者亡！	103 人才两大悖论	203 文化还是技能	303 初筛就玩心跳	403 游戏化思维	503 孤勇者闯四关	603 还是不是同学
	104 谁是人力资源管理者	204 先用还是先育	304 "平静"的360°评价	404 太极拳精要	504 评委三维选择	604 跨界思维整合
	105 谁有激情	205 内驱还是外驱	305 以业绩论英雄	405 师徒制底蕴	505 培育连通考试	605 "敢做接锅侠"
	106 沟通为王	206 刚性还是弹性	306 居然还要面试	406 轮岗博弈论	506 戴上一朵小红花	606 融化部门墙

这是一个游戏，一个可以让你获取幸运、成就和金钱的游戏！
如果你非常幸运地从这一页开始阅读，恭喜你：
可以通过三步来玩一玩本书的速成游戏！

I